MARC MINKOWSKI

chef d'orchestre ou centaure

•

Confessions

•

avec Antoine Boulay

MARC MINKOWSKI
chef d'orchestre ou centaure

•

Confessions

•

avec Antoine Boulay

SÉGUIER

Couverture : portrait de Marc Minkowski © Marco Borggreve

Quatrième de couverture : portrait de Marc Minkowski en centaure. © Maroine Dib.

Conception graphique : Justine Dupré.

Mise en pages : Nord Compo.

ISBN : 978-2-84049-903-9

Séguier : 92, avenue de France – 75013 Paris
contact@editions-seguier.fr

Catalogue en ligne : www.editions-seguier.fr

S É G U I E R

• Éditeur de curiosités •

À ma grand-mère, Edith Wade

À F., à R.

CONTRECHANT I

....

DEUX ÉVADÉS DU CONFINEMENT

Le confinement nous avait pris par surprise.

Lui, enfermé à Bordeaux, empêché de faire les deux choses qu'il aime le plus au monde : programmer ou diriger des spectacles et monter à cheval. Moi, plus banal : un peu ébranlé par la situation après avoir lancé mon activité seulement six mois plus tôt et réfugié dans ma maison du nord de la Bourgogne, partageant l'horizon du troupeau de charolaises qui paissaient sous les fenêtres avec, heureusement, la meilleure partie de moi-même.

L'idée de reprendre ce vieux projet est remontée à la surface naturellement. C'était mûr. Tâtonnements entre Zoom et Teams... ce fut Skype. Deux, trois, jusqu'à quatre fois par semaine. Deux mois de rêve pour moi, où nous nous sommes vus plus que jamais sans pourtant être ensemble.

« Alors, pendant le confinement, tu apprends le yoga en ligne ? Tu fais ton pain ? me demandaient mes amis.

— Non, j'écoute un chef d'orchestre parler. Et c'est bien. C'est mieux. »

Marc écrit peu mais lit... et il a surtout beaucoup à dire.

Quant à moi – pourquoi m'en cacher ? –, je suis un fan, voilà. Le groupie du pianiste.

Qu'a-t-il à dire, Marc Minkowski ? Qu'allait-il dire ? Que voudrait-il dire ?

D'abord, nous avons parlé de ça : de ce qu'il allait dire.

Il avait envie de dire deux choses, ce Parisien émigré à Bordeaux, ce Bordelais en mal de Ré et en rêve de Suisse, ce piéton en manque de galop : pour commencer, rendre hommage à ses maîtres, et puis dire sa vérité sur ce qu'est diriger une maison, collaborer avec un metteur en scène ou un directeur d'opéra, vivre avec les musiciens.

J'ai ajouté une chose. Deux, peut-être. Parle-moi de ta musique, Marc, dis-moi comment tu la fais. Dis-moi d'où tu viens, aussi, dis-moi si d'où tu viens a eu et a toujours une influence sur ton art...

Il m'a dit qu'il voudrait bien essayer de me répondre, bien sûr, mais qu'il était chef d'instinct. Que la question qu'il voulait se poser, lui, devant le lecteur, était simple : comment le quasi-autodidacte, l'instinctif qu'il est, en est-il venu à fonder un ensemble aujourd'hui essentiel en France, à diriger quelques-uns des plus beaux orchestres du monde, à produire des spectacles à Salzbourg, à piloter un opéra national à Bordeaux... ?

La réponse de Marc est tout aussi simple que la question : la volonté et le don.

Le don, c'est ce qui lui est apparu très clairement, déjà présent mais invisible jusqu'alors, lors d'une première expérience de direction à Saint-Étienne-du-Mont, à Paris. Impression saisissante dont il se souvient parfaitement.

Vouloir diriger, et vouloir diriger l'opéra, quand on a pour tout bagage l'étude du basson moderne et baroque dans un conservatoire régional... et à La Haye, certes, et encore un stage de direction aux États-Unis, c'est un pari fou, dont seul le don peut expliquer le succès.

Le don... et la volonté. La volonté, c'est de ne plus faire que ça. Toute sa vie. Tout lâcher. Et travailler, travailler, travailler. Écouter, écouter, écouter. Aller au spectacle. Partout. Avec son père. Avec ses amis, en tournée. Tout le temps. Marc Minkowski est un chef qui écoute.

Mais… travailler ainsi sans relâche, sans tenir compte de sa fatigue, de sa vie même, c'est sans doute aussi la conséquence de ce feu dévorant. Cela aussi fait partie d'un don, vécu parfois comme une souffrance ou une infirmité.

Oui, et cela, Marc le dit tout de suite : ce don est bien également une malédiction, un coup du sort. Il est doué, qui peut le nier ? Mais ce don le frappe comme une passion amoureuse, parfois douloureuse.

On va en reparler, de ça, Marc, parce que c'est très important, cette douleur-là, je crois.

Entre la volonté et le don cependant, entre petit bois et silex, pour faire jaillir la flamme d'une carrière, il faut quelques mains amies ou inspirantes. C'est le rôle de ces rencontres, de ces mentors, de ces bonnes fées, de ces parrains… et de ces maîtres, que les pages qui suivent tentent de raconter.

Très vite, Marc a voulu parler de ses regrets aussi. Ce stage, aux États-Unis, il aurait dû renouveler la chose. Pour s'améliorer. Pour terminer le travail. Mais les engagements se sont succédé immédiatement, alors il a préféré continuer de se faire « tout seul », solution de facilité, dit-il lui-même.

Moi, je suis un fan, il m'arrache des larmes ou me rend heureux. Son Armide *à la Philharmonie ou son* Orphée *au disque me font pleurer ou me transportent de joie. Donc, la facilité, je ne vois pas bien. Ou plutôt, si, parfois, je vois ce que certains veulent dire, peut-être. Mais je me dis que le don l'a emporté. Que le don a tout emporté sur son passage.*

Autre regret : avoir abandonné l'étude du violon alors qu'il avait la chance d'avoir pour professeur, encore très jeune mais déjà brillant et doux, le grand Régis Pasquier. Il n'était pas prêt. Pas encore musicien. Pas encore frappé par le don.

Troisième et dernier regret : avoir renoncé à sa vocation de cavalier. Très tôt, il a eu un cheval… mais se plier aux règles, aux normes, aux concours… impossible pour lui.

Du coup, j'ai pensé à ce titre : Conversations avec un centaure. *J'avais aussi pensé à* L'Indompté. *Mais bon… l'indompté, l'indomptable… ça faisait un peu sous-marin nucléaire… Et puis, en fin de compte, ce livre était le sien : le titre devait venir de lui.*

★

Alors il a commencé à parler.

De sa grand-mère violoniste, d'abord, Edith Wade, à qui il dit devoir beaucoup. Mais ce serait en fait pour plus tard.

De ses débuts de « bassoniste cachetonneur », ensuite. « Cachetonneur ». Ça me fait rire, ce mot. De sa rencontre avec Jean Delettré, qui chantait dans le chœur de Françoise Herr. Tous ces concerts à l'église Notre-Dame du Raincy, construction belle et triste due à Perret. Il faut y aller, au Raincy, quand on habite dans le centre de Paris. Le don, oui. La facilité, non. Et cette idée folle de Françoise et Jean, qui lui disent : « Tu ne voudrais pas monter un opéra avec nous en tant que chef d'orchestre ? »

Combien nous leur devons d'émotions musicales ! Sans eux, pas de Marc Minkowski, pas de Musiciens du Louvre. Comme dans La vie est belle *de Capra, s'ils ont un doute sur l'impact de leur vie sur cette terre, on a envie de leur envoyer un ange qui leur ferait par magie contempler une scène musicale française et mondiale sans Marc Minkowski…*

« Oui, tu ne voudrais pas monter Didon et Énée *? » Nous sommes en 1982. Viendront* King Arthur *et* The Fairy Queen *puis, après cette trilogie Purcell, les Haendel :* Jephtha, Belshazzar, Israel in Egypt… *jusqu'en 1987. « Je me suis construit à partir de la rencontre que j'ai eue avec eux. » C'est ce que me dit Marc, dès le début.*

Et je me dis que les parents Minkowski ont eu bien de la liberté et de la grâce (parce que, de l'indifférence, je ne pense pas, vraiment pas) de laisser ces expériences enfanter Marc à nouveau, le faire naître à son vrai destin de passeur, alors qu'il n'était encore qu'un enfant, en somme.

Le soir tombe et les grillons se font entendre (nous ne sommes qu'en mars, pourtant) dans les champs où broute mon horizon. Oui, en Bourgogne il y a des grillons.

C'est alors, dans ce premier échange, qu'une Grecque fait soudain irruption, femme de feu, Lina Lalandi. Naturalisée britannique, épouse du patron de la banque Coutts (la banque de la reine, tout de même !). Claveciniste à l'origine, elle a créé l'English Bach Festival et l'orchestre du même nom. Elle présentait au public britannique, à la fin des années 1980, du Xenakis, du Boulez, du Stockhausen… L'orchestre réalisait également des enregistrements chez Erato. Une fois par an, il se produisait à Covent Garden. Corboz dirigeait. Belle figure.

En 1989, Lina Lalandi veut donner Alceste. *Michel Garcin, le parrain du disque classique français de ces années, le gardien de la maison Erato pendant l'une de ses grandes époques, était à la manœuvre, et sa réponse a changé la vie de Marc : « D'accord, si c'est Minkowski qui dirige. » Enthousiasme de Garcin pour Minkowski… on verra comment et pourquoi plus tard ; patience, lecteur.*

Michel Garcin savait-il que cet enregistrement n'aurait en fait jamais lieu et a-t-il imposé le choix de Marc à Lina Lalandi seulement pour lui donner la chance de diriger Alceste *à l'Opéra de Monte-Carlo et à Covent Garden ? Dans la salle, Ivan Alexandre écoutait déjà.*

Mais Marc revient au « don »… Il dit : « Le don, c'est tout faire de manière instinctive, obsessionnelle, hypersensible. » Il me dit ça. Il me dit aussi : « Ça rend parfois les contacts humains compliqués. »

Ce don l'a pris comme une griffe, comme un piège qui se referme. Ça revient dans sa bouche. Il ne passe pas le bac. À l'École alsacienne, seule la musique comptait. Autodidacte… ou tout le contraire ? « Je suis un buvard », il me dit ça. Le contact des autres, le direct, le concert, le disque… Le contraire d'un autodidacte, est-ce que c'est un « alterdidacte » ?

Il rend hommage à son professeur de musique de l'École alsacienne, justement, Michel Rothenbühler, qui lui a donné le goût du jeu d'orchestre. Pianiste surdoué, fondateur de deux ensembles dans l'école, compositeur et directeur du conservatoire de Levallois, adoré par des générations d'élèves. Une figure si importante là aussi, bien avant Lalandi et les autres…

Oui, belle figure, mais, en attendant, Marc, je voudrais que tu me dises : qu'est-ce que c'est que ce son, cette pâte, ta patte, cette matière fluide et râpeuse, vive et enjôleuse, qui sort d'une fosse, ou qui émane d'une scène ou du chœur d'une église quand tu t'y trouves ?

Alors, il parle : « Mais, c'est ce que je te dis, mon conservatoire, ça a été les concerts et les disques. »

Alors le livre commence vraiment.

Alors, il dit : « Harnoncourt. »

1

LE CHOC HARNONCOURT

Confinement, pénible période : plus possible de diriger ou presque. Plus possible de travailler à Bordeaux ou si peu. Plus possible de monter à cheval. Et, tout autour, la maladie qui progresse et fait victimes sur victimes. Donner un récital dans la cour d'un hôpital bordelais avec quelques musiciens, danseurs et chanteurs de l'Opéra national de Bordeaux a remis les choses à leur place : oui, l'art, la beauté, la musique, la danse sauvent. À voir les visages des médecins, des infirmières et infirmiers, des aides-soignantes et des patients, il n'y a pas de doute.

Mais voilà que le confinement est aussi l'occasion de discuter avec Antoine, cet ami pas si ancien, pas si récent : dix ans que l'on se fréquente. Mélomane, assurément. Mais pas musicien de métier. Un peu politique, un peu économiste, un peu consultant… Mais, avec moi, d'abord mélomane, d'abord un membre du public vrai, comme il le dit souvent de lui-même lors de nos dîners après les spectacles, moquant gentiment ces tables de « professionnels » et soulignant l'utilité, tout de même, pour faire marcher tout le système, que des amateurs remplissent les salles et mettent « leurs fesses sur des sièges »… Il reprend cette expression connue que lui a apprise Jérôme Deschamps au cours d'un de ces dîners, après une représentation de *Mârouf* au Comique.

Antoine me propose donc d'écrire un livre. Par amitié pour lui, j'y réfléchis depuis longtemps... L'inactivité forcée nous donne enfin une occasion. J'aimerais dire tant de choses sur le métier de chef, sur ma vocation, sur mes passions – y compris l'équitation et les chevaux –, sur les institutions, les villes, le ministère, sur les collègues que j'admire, les figures qui ont tant compté pour moi...

Antoine me demande d'abord d'où vient ma manière de diriger, ma « pâte sonore », comme il dit. Il est drôle, l'ami ! Qu'est-ce que j'en sais ? Je suis chef d'instinct. Un jour, plusieurs fées, mentors et parrains ont mis une baguette dans ma main et un orchestre devant moi, et c'était comme ça. J'ai pris la direction d'un orchestre comme on prend la mer : c'est l'océan qui vous saisit, on le sait.

Mais il insiste. Alors je parle. Et le premier mot qui me vient, c'est « Harnoncourt ».

J'ai découvert Nikolaus Harnoncourt grâce au disque, et ça a été un bouleversement immédiat. On raconte qu'à treize ans, le génie Scott Ross, admiré de mes parents d'ailleurs, est tombé par hasard sur un disque de clavecin dans une brocante de quartier et qu'en rentrant chez lui, il a mis des punaises sur les marteaux du mauvais piano qu'il avait dans sa chambre. Ça ne s'explique pas, ça. Un jour, vous tombez sur une expression qui vous parle, dont vous avez l'impression qu'elle a été faite pour vous et qu'elle vous dit : « Fais ça à ton tour et à ta manière. »

Mes résultats scolaires étaient inégaux. À l'époque, je me voyais une vocation de comédien. Ce n'était pas une obsession mais j'étais passionné de cinéma, du moins le croyais-je. Avec le recul, je pense que c'était en fait le rapport entre cinéma et musique qui me mettait dans un état de réceptivité très intense : peu d'œuvres m'auront autant ému que celles de Stanley Kubrick. Qu'on songe à *Barry Lyndon*, pour ne citer que ce film.

J'avais la chance d'habiter rue de Rivoli, chez mes parents bien sûr, un appartement que j'adorais, juste en face du Louvre. Adolescent, j'écoutais beaucoup de musique tirée de leur discothèque bien remplie, mais rien de ce qui ressemble au « baroque » d'aujourd'hui. Jusque-là, les instruments anciens relevaient pour moi de l'anecdote. Un jour donc, un ami, Olivier Cottet, facteur de hautbois et de bassons baroques, avec qui je faisais alors un peu de musique de chambre, m'a fait entendre chez lui son disque des *Quatre Saisons* dirigées par Harnoncourt.

Mon style est né là. Ce qui le constitue, ses différents éléments, sont nés ce jour-là.

Ça a été une expérience inouïe.

Les Quatre Saisons d'Harnoncourt étaient choquantes et fascinantes. Harnoncourt donnait à son orchestre des expressions que je n'avais jamais entendues sur ces pages, jamais entendues tout court. Il y avait un respect total des sonnets originaux et de leur atmosphère, il y avait là les orages et la pluie, des chiens qui aboient et les paysans sous le soleil et la neige. Le son était magnifique, envoûtant, suave à la base, et pourtant animé par une violence folle. C'était incroyablement puissant, ce que Harnoncourt avait inventé là. Aujourd'hui, j'appelle ça une « surillustration », une « surimagination » de tout.

Je me suis aussitôt procuré l'album et l'ai écouté des milliers de fois. Je me rends compte que je n'ai dirigé *Les Quatre Saisons* qu'une fois, en 1985, et que je ne les ai jamais enregistrées… Ce serait peut-être à faire…

Après avoir écouté *Les Quatre Saisons* encore et encore, je me suis mis à explorer à nouveau l'immense discothèque de mes parents à la recherche d'autres albums de ce Harnoncourt. Il y avait bien les *Brandebourgeois* de Bach, un disque de 1962, le premier enregistrement par un orchestre baroque de ce répertoire très connu. C'était rugueux et beaucoup moins convaincant que ses *Quatre Saisons*. Et puis ce n'était pas de la musique théâtrale, les *Brandebourgeois*, alors que *Les Quatre Saisons*, c'est de l'opéra sans paroles.

Harnoncourt était devenu une obsession. J'ai cherché à l'entendre en public, « en vrai », et je dois à mon père la chance d'avoir réalisé ce rêve. Je me souviens d'un concert à Pleyel, avec son Concentus Musicus, en 1983. J'avais vingt et un ans. À l'époque, Harnoncourt dirigeait du violoncelle, comme dans *Les Quatre Saisons* d'ailleurs. C'était assez unique.

Sa femme, Alice, récemment disparue au moment où ce livre paraît, était l'écho violonistique de sa pensée, elle complétait par le dessus ce qu'il impulsait, lui, par le dessous. En tant que bassoniste, ça me parlait énormément, c'était une pensée musicale qui partait d'en bas. J'ai parfois dirigé du basson en pensant à lui, mais ce n'est pas évident…

Quelques années plus tard, toujours avec mon père, à Pleyel encore, j'ai entendu son somptueux *Theodora*, le magnifique oratorio de Haendel. Le Maître dirigeait de la baguette cette fois, et ce moment extraordinaire de force et de délicatesse mêlées est resté dans ma mémoire, je l'entends alors que j'y repense à cet instant.

Depuis ces années, Harnoncourt est demeuré comme un guide et une question : comment la pensée d'un instrumentiste, chef par ailleurs, pouvait-elle produire une telle expression, une telle théâtralité, au seul moyen d'un orchestre ? Les chanteurs ajoutaient évidemment comme un niveau supérieur d'expression, mais tout ne reposait pas d'abord sur eux, c'était bien l'orchestre qui produisait le discours. C'est cela qui me fascinait. C'est ce mystère qui a été à l'origine de ma quête.

Bien sûr, j'ai cherché à lire ce que Harnoncourt lui-même disait de son travail, mais ça ne me parle pas. *Le Discours musical*, son livre le plus fondamental, le plus théorique, ne m'a pas appris grand-chose, ce n'est pas ma forme d'esprit. Non, pour moi, son vrai « discours musical », en tant que chef, c'est sa pratique, sa production. Outre les concerts, j'ai évidemment écouté la totalité de sa discographie.

Je ressens toujours une grande attirance pour ses versions : ses idées, ses attaques, cette violence, cet engagement tellement personnel. En même temps, les partis pris sont extrêmes, excessifs parfois... C'est un enseignement qu'il donne et c'est parce que c'est lui qu'on accepte ces leçons, même si ce n'est pas toujours ce que je préfère.

Mon père est, par exemple, revenu de Zurich enthousiasmé par une représentation de *L'Orfeo* de Monteverdi, dirigé par Harnoncourt bien sûr. Je me suis précipité sur le disque dès que j'ai pu, mais tout avait été réinstrumenté par lui, doublé, au lieu de s'en tenir à l'intimité de la partition. Pour moi, *L'Orfeo*, c'est du théâtre soutenu par une basse continue, or cette dimension avait disparu. Certes, le film de cette production et de la trilogie Monteverdi réalisé par le metteur en scène lui-même, Jean-Pierre Ponnelle, fait partie de ce que j'ai vu de plus beau dans ma vie, même si, d'un point de vue musical, c'est un non-sens.

De même, *Les Noces* que j'ai entendues à Salzbourg étaient marquées chez lui, de bout en bout, par une absolue lenteur. C'est sa marque de fabrique : son anti-rossinianisme, le premier élément de son langage mozartien. Il nous dit : « Mozart n'est pas une bulle de champagne », c'est un enseignement qu'il nous laisse et c'est très utile, très juste. Son interprétation est donc toujours passionnante mais peut être irritante.

Bon, je m'égare un peu. D'où vient ma « pâte sonore »... Sur l'écran de mon ordinateur, en visioconférence, cet outil pratique mais devenu épouvantablement répandu avec le confinement, mon interlocuteur réitère sa question.

On s'est rencontrés quelques fois, avec Harnoncourt. J'ai approché le bassoniste du Concentus, Milan Turković, pour candidater, mais ça n'a pas abouti. Nous sommes devenus collègues par la suite à l'Opéra de Zurich, dont le directeur, Alexander Pereira, m'avait invité, bien longtemps après mes premiers émois « harnoncourtiens », pour diriger *Il Trionfo del Tempo* de Haendel. Harnoncourt savait qui j'étais et a toujours montré une sympathie et une curiosité qui m'honoraient. Je suis allé le voir dans sa loge après une symphonie de Bruckner qui m'avait transporté.

« Que faites-vous en ce moment ? m'avait-il demandé.

— Je dirige l'*Orphée* de Gluck.

— Ah… ça ne me parle pas du tout, mais c'est très bien que vous le fassiez… »

Quelques mots d'un Maître qui comptent pour moi, ça peut sembler ridicule, mais je suis toujours l'adolescent qui se laissait transporter par ses disques chez ses parents.

Ses enregistrements déclenchaient toujours des polémiques chez les musiciens car il cherchait systématiquement à proposer un regard nouveau, une expression différente. Ils suscitaient aussi, toujours, beaucoup de respect. Si je voulais citer un autre album majeur pour moi, ce serait sa *Symphonie du Nouveau Monde*, somptueuse. J'avais été très ému de l'entendre en concert déjà. Le plus frappant dans ce disque, c'est qu'il ait gardé ses attaques spécifiques qui font sa singularité même avec des orchestres traditionnels, avec le Concertgebouw, avec les Wiener ou les Berliner Philharmoniker.

Alors voilà, quand je dis : « Mon style est né là », je veux dire que ce que j'ai reçu de lui, ce sont ses attaques. C'est un élément fondamental de mon langage. L'attaque, c'est la façon dont on va projeter un son avec une forme de prononciation, d'articulation, d'énergie musculaire : le chef avec son geste, l'instrumentiste à cordes avec son coup d'archet, les vents avec leur souffle, le percussionniste avec ses baguettes. L'attaque est la signature de tous les grands chefs : Toscanini, Reiner, Furtwängler, Scherchen...

Aujourd'hui, on se concentre davantage sur la rondeur, la qualité esthétique du son dans sa globalité mais pas forcément sur la façon dont il arrive au monde. C'est parfois difficile, surtout chez les jeunes musiciens, de sortir de cette chape d'élégance, de coton, de sucre, au risque d'anéantir le geste d'interprétation tellement fort qu'est l'attaque. Même chose pour les chanteurs : parvenir à produire une mélodie, en tant que tel, c'est déjà remarquable, c'est servir le texte par son élocution. Mais faire sonner ses consonnes et ses syllabes de manière lumineuse par l'attaque, c'est un enjeu d'expression selon moi trop rarement pris en compte.

Donc si j'ai reçu quelque chose de Nikolaus Harnoncourt, c'est ça. Dans le prologue de la *Passion selon saint Jean*, les violoncelles jouent une série de croches, renforcées par les noires martelées de la contrebasse et du contrebasson (orchestration explicitement voulue par Bach) sur les temps forts. Est-ce que le but est de faire référence à la crucifixion ? Est-ce que ces attaques violentes sont autant de coups de marteau dans les pieds et les mains de Jésus ? On ne le saura jamais. Ce que je sais, en revanche, c'est que je veux ces attaques-là les plus puissantes, les plus violentes possibles.

Dans l'ordre des éléments constitutifs d'un style, il y a le tempo, certes, mais l'attaque est plus importante encore. Souvent, l'erreur est de donner dans l'illustration. Un compositeur écrit *presto* ou *allegro*, et, sans réfléchir davantage, le chef « illustre » de manière rapide et urgente. Je l'ai fait moi-même et c'était un moment nécessaire. Mais la marque de fabrique des chefs dits baroques, justement, c'est d'interpréter un *allegro* seulement comme un *allegro*. Ça peut parfois être un peu caricatural. En fait, le choix des instruments d'époque fait partie d'un tout : le respect de l'historicité des matériaux, les boyaux, le bois, tout le reste, mais aussi et d'abord le respect du texte. Ça va bien au-delà du baroque : le texte est souvent tout ce que nous avons et il faut méditer cette réalité.

Sur certains de mes propres enregistrements, je vais trop vite. Un de mes enregistrements du *Messie*, par exemple, est en fait une bande-son pour le film de William Klein, sorti en 1999. J'avais une volonté de « surthéâtralisation », inspirée par le projet cinématographique très cru du réalisateur, qui a abouti à des tempos excessifs. Aujourd'hui, j'ai gardé cette fougue, je crois, mais les années permettent, je l'espère, d'exprimer cette dimension physique, presque sportive, autrement que par une pulsation déchaînée. C'est aussi, par exemple, l'enjeu de la continuité dans une œuvre, les enchaînements, la tension qui doit parcourir une représentation de bout en bout, et donc une construction.

Les attaques, le tempo… Le troisième pilier de mon langage musical, peut-être, puisqu'on me le demande, c'est le lyrisme, le chant. Quand on écoute les cantates de Bach par Harnoncourt, il y a toujours un moment où l'instrumentiste est amené, littéralement, à chanter. Quelquefois, les interprétations sur instrument ancien ou à partir de partitions critiques ont pu aboutir à l'idée qu'on se distanciait de l'émotion et du chant. Harnoncourt et Goebel, avec le Concentus Musicus et le Musica Antiqua Köln, ont fait la démonstration inverse. Ils faisaient face, bien sûr, aux Flamands Leonhardt et Kuijken, apôtres d'une certaine distance. Je me moquais beaucoup de cette esthétique étant jeune, alors que leur travail est admirable. Simplement, ce n'est pas ma sensibilité.

Entre les deux, en quelque sorte, il y a aussi cette école anglaise, dont Gardiner est mon favori. Avec les mêmes qualités que Harnoncourt, il voyage dans trois siècles de musique avec des répertoires différents, des orchestres différents, mais toujours avec son style juste, élégant, de la *Passion selon saint Matthieu* à *La Veuve joyeuse* ; de Bach à Mozart et Beethoven. Gardiner m'a beaucoup bercé : avec *Les Quatre Saisons* d'Harnoncourt, son enregistrement d'*Acis et Galatée* a été une première rencontre avec le travail sur instruments d'époque. Je l'ai entendu diriger Purcell, Mozart, Rameau, Schumann, et ça a toujours été une incroyable leçon. Son Monteverdi Choir, la formation chorale la plus extraordinaire que j'aie jamais entendue, porte au sommet un certain esprit, une élégance, une mesure qu'on entendait moins avec Harnoncourt, souvent dans l'excès de la démonstration qu'il voulait faire. Gardiner me parle donc moins au cœur, mais m'alimente beaucoup aussi, en fait.

Parfois, la découverte d'un chef a eu lieu en concert, sans passer par le disque. Ce fut le cas avec Simon Rattle, chef symphonique et lyrique bien sûr, mais également fasciné par les instruments anciens. La première fois que j'ai entendu Rattle, il jouait *Le Mandarin merveilleux* de Bartók, une symphonie londonienne de Haydn, et une grande suite des *Boréades* de Rameau. J'ai été immédiatement impressionné par la musicalité et la générosité de chef dont il faisait preuve. Il y a des chefs parfois si extrêmes dans leurs partis pris, leur univers... que c'en est comme rigide et égoïste. Rattle est le contraire de ça. À chaque fois que je l'ai entendu, j'ai reçu cette leçon de pure générosité. Il m'a fait la joie de venir m'écouter en concert. Nous sommes devenus amis. Ma proximité avec celle qui allait devenir son épouse, la très grande Magdalena Kožená, nous a encore rapprochés. Les fréquenter tous les deux en tant qu'amis a aussi été un enseignement.

Il y a eu tout cela, donc, mais les chefs que j'avais d'abord écoutés sur les 33 tours de mes parents, c'étaient Toscanini, Furtwängler et Scherchen. René Leibowitz aussi, chef franco-polonais, l'un des premiers à se passionner pour la fidélité au texte. Il y avait toujours, dans ses interprétations, une grande expressivité… quelque chose d'assez sportif.

Après ces découvertes, il y a eu les cours, bien sûr. Mais de toutes ces influences qui allaient faire la matière première d'un langage personnel, Harnoncourt aura été l'expérience fondatrice. Quand il a disparu, j'ai été très abattu, atteint d'une tristesse comparable à celle que j'ai ressentie quand j'ai perdu mon père.

2

DU BASSON AU PODIUM : MES PÈRES...

Il faut revenir quelques années en arrière. L'École alsacienne, où j'étais collégien, abritait un orchestre créé par le professeur de musique, Michel Rothenbühler. Mes parents m'ayant transmis l'amour de la musique, il fallait à tout prix rejoindre cet orchestre. Comme tous les collégiens d'alors, je jouais de la flûte à bec, mais un orchestre n'a pas besoin de flûte à bec. Je cherchais donc un instrument plus sérieux, grave même, avec déjà ce désir d'ancrer le son dans la terre, de le construire par la basse. Contrebasse ? Violoncelle ? Basson ?

On a dit parfois que mon père, lui aussi passé par l'École alsacienne, avait eu une influence déterminante sur ma carrière de chef. Je ne crois pas. En tant que mélomane, il m'aura beaucoup donné, mais son apport concret se sera limité à trois chances – trois vraies chances, certes : deux rencontres, Jean-Claude Casadesus et Charles Bruck, et un concert en amateur pour clore un événement... médical.

C'est au cours d'une visite chez mes parents que Jean-Claude Casadesus m'a encouragé à choisir le basson. On me procure donc un instrument. Je travaille d'arrache-pied, seul. Dans le grand appartement vide de mes parents, le basson irradie de son bois brun, presque bronze. Le velouté de l'anche, non sans difficulté au début, devient de plus en plus enjôleur à mes propres oreilles. J'aime sa capacité à chanter tout en marquant le temps, à la fois percussion et voix humaine… Michel Rothenbühler m'oriente vers un étudiant du CNSM, Frédéric Béreau, le frère du chef d'orchestre du même nom, pour me donner des cours particuliers.

Après quelques mois de pratique seulement, me voici dans le grand orchestre de l'École alsacienne. Mon niveau était très inférieur à la moyenne de l'ensemble, mais j'étais acharné. Je me souviens encore des deux premières pièces que nous avons répétées, la *Symphonie n° 104* de Haydn, et l'ouverture d'*Egmont*, de Beethoven : je m'accroche. À grand renfort de cours particuliers, non au conservatoire, je progresse. Mon solfège est alors presque instinctif encore avant qu'une choriste de Radio France, Mme Prévost, ne vienne régulièrement à la maison m'inculquer les bases. Je dois lui rendre hommage. Parce que ça marche ! Au bout d'un an, je suis en mesure de jouer correctement de vraies pièces d'orchestre.

J'écoutais de la musique du matin au soir, comme mes parents en fait, et j'écoutais ce qu'ils écoutaient. J'étudiais le moins possible, mais j'avais des résultats satisfaisants dans les matières littéraires, au contraire des disciplines scientifiques, en particulier des mathématiques. Lamentable. Avec pour ancêtre Hermann Minkowski et le théorème qui porte son nom, dans une famille de médecins qui plus est, on se demandait quel accident génétique m'avait fait aussi nul… Ma revanche, c'était l'orchestre, où je me retrouvais à côté de mes professeurs, les rattrapant et les dépassant peu à peu. La musique était devenue ma seule obsession. Elle ne me lâcherait pas.

À l'École alsacienne, on a fini par s'apercevoir que la musique accaparait toute mon attention et que je n'arrivais plus à suivre les cours. Mes notes chutent et me voilà exclu. On m'inscrit dans une boîte à bac où se trouvait aussi le fils de Belmondo... Résultat : zéro. Patients, mes parents optent alors pour l'enseignement par correspondance, les Cours Hattemer. Les dossiers s'accumulent à la maison. Résultat : zéro. Rien n'avait d'importance à mes yeux que le basson, la musique. Appelons ça la vocation. Je renonce à passer le bac. Avec le recul, la réaction de mes parents a été extraordinaire : ils s'inquiétaient pour moi, pour mon avenir, mais ma rage de musique, curieusement, leur donnait confiance. Ils se disaient que je savais ce que je faisais.

Ils avaient tort. Si j'avais eu un plan de carrière, un projet construit, j'aurais dû me transformer en bête à concours, prendre des leçons d'harmonie, passer mon temps au conservatoire... Or rien de tout cela : ma formation s'est poursuivie avec mon premier engagement par l'Ensemble vocal Françoise Herr. Mon premier cachet, c'est d'eux que je l'ai obtenu. J'avais seize ou dix-sept ans, ils cherchaient un basson pour la *Passion selon saint Jean*... Michel Rothenbühler, encore lui, m'a recommandé. Ainsi a commencé une longue collaboration et, en fait, mon métier de musicien.

Après cette *Saint Jean* avec eux, il y a eu *Le Messie,* la *Messe Nelson* de Haydn, *Le Roi David* de Honegger... Les concerts avaient lieu à l'église Notre-Dame du Raincy, grande halle sobre et très lumineuse conçue par Auguste Perret. Ce sont mes débuts dans un authentique ensemble. Ils m'ont marqué d'abord parce qu'ils étaient ma première expérience avec le monde des chanteurs, le monde choral.

C'est en fait au contact de Michel Rothenbühler que l'envie de diriger un orchestre m'est venue. Pas d'abord pour en faire mon métier, pas dans une perspective de carrière : comme une envie irrépressible, charnelle – déjà là avant qu'elle ne se réalise. Comme une évidence.

Il me fallait trouver une occasion. Mon père organisait régulièrement des colloques ou des conventions en tant que médecin – mandarin même, n'ayons pas peur du mot, c'est lui qui l'employait. J'ai eu l'idée de lui proposer de conclure une journée de travail par un concert. Avec son accord, j'ai choisi *Acis et Galatée*, de Haendel, hanté par l'enregistrement de Gardiner. C'était, évidemment, très approximatif : une poignée d'instrumentistes, quelques chanteurs, dont un ténor qui chantait aussi au Moulin-Rouge et s'est illustré récemment en tant que coach vocal pour les candidats de la *Star Academy* ! Le concert a eu lieu dans la magnifique salle capitulaire de l'hôpital de Port-Royal. C'était un peu au petit bonheur mais ça s'est fait et, surtout, j'ai tout de suite pris conscience que j'étais dans mon rôle. Sur le moment, je n'ai pas pensé : « Je dirige », j'ai senti : « C'est ma place. »

Acis et Galatée était une œuvre lyrique, déjà. Jean et Annie Delettré, deux choristes de l'Ensemble Françoise Herr, présente également, assistaient à ce concert. J'avais dix-neuf ans et, à la sortie, ils me font une proposition qui allait changer ma vie et que je n'oublierai jamais : « Après ce que tu nous as donné ce soir, pourquoi ne dirigerais-tu pas *Didon et Énée*, de Purcell, avec nous ? »

Je connaissais l'œuvre et mes parents en avaient un nombre de versions incalculable à la maison. Je me souviens en particulier de celle de la wagnérienne Kirsten Flagstad. Pas du tout conforme aux interprétations appréciées aujourd'hui, sa « mort de Didon » touchait pourtant droit au cœur.

Nous sommes en juin 1982. En si peu de temps, tout s'est incroyablement accéléré. Quelques mois plus tôt, j'ai donné un petit concert instrumental sous le nom des Musiciens du Louvre dans l'église Saint-Merri. Le nom sonnait bien et j'étais familier du lieu… J'ai su par la suite que le Louvre et les anciennes Tuileries étaient le berceau de la musique française, du Concert spirituel, de la salle des Machines, ce fameux théâtre d'où viennent les expressions « côté cour » et « côté jardin » (… des Tuileries).

Quand même, *Didon et Énée*, c'était autre chose qu'une pastorale : une vingtaine de musiciens et un chœur ! Françoise, Annie et Jean Delettré montèrent la chose. C'est grâce à eux que nous avons eu le privilège d'accueillir des chanteurs du niveau de Michel Verschaeve ou Isabelle Poulenard, affiche inespérée pour une opération quasi amateur. Jouer à Saint-Étienne-du-Mont, lieu magique avec son jubé Renaissance qui a l'air de s'envoler, était mon souhait : j'avais eu la chance d'y entendre une des premières *Saint Matthieu* sur instruments anciens jamais données en France, sous la direction de Philippe Herreweghe en compagnie de René Jacobs, Ton Koopman, Kurt Equiluz et Reinhard Goebel, moment fondateur pour moi là aussi.

Les musiciens étaient payés à la recette… C'est pendant ce concert que je me suis « vu » diriger et que j'ai réalisé combien j'étais heureux, épanoui, en harmonie. C'était la première fois que je dirigeais un chœur, un orchestre et des solistes ; que je synchronisais. C'est si frais dans ma mémoire après quarante ans ! Pendant le concert même, je me suis rappelé une toute première expérience de direction d'un groupe d'instrumentistes, en Suisse, pendant une colonie de vacances. À quatorze ans, j'avais organisé en marge du programme « officiel » la répétition d'une œuvre de Vivaldi avec mes costagiaires, qui avaient consenti à jouer le rôle de cobayes. Tout est devenu clair.

Évidemment, si ce premier vrai concert lyrique a tant compté pour la suite, c'est aussi parce qu'il s'est achevé en triomphe : l'église pleine, des applaudissements que je n'aurais jamais imaginés… et une journaliste d'*Opéra international* présente qui en a fait une critique élogieuse : Maryvonne de Saint Pulgent, conseillère d'État et future présidente de l'Opéra-Comique… devenue beaucoup plus tard une amie fidèle.

Tout cela avec quelques affiches et tracts, une ou deux informations reprises par les journaux spécialisés… un triomphe « fait maison » avec deux personnes, dont Jean Delettré, improvisé administrateur bénévole. La machine était lancée. Avec Jean et Annie, nous sommes ensuite revenus à Purcell une fois par an, *King Arthur, The Fairy Queen*. Puis Haendel – *Belshazzar, Jephtha, Israel in Egypt*… Pendant près de sept ans, ces concerts organisés avec le soutien du chœur et de ces deux parrains à qui je dois tant sont restés un hobby épisodique mais une ivresse constante. Je ne percevais aucun cachet, évidemment. Et il fallait bien que je gagne ma vie.

Le choc des *Quatre Saisons* par Harnoncourt m'avait rapproché du basson baroque, d'abord étudié tout seul, en autodidacte, puis au conservatoire de La Haye. J'étais actif en tant que bassoniste moderne mais ma passion pour les instruments d'époque a fait que j'ai eu très tôt la chance de devenir le bassoniste régulier de William Christie, de Philippe Herreweghe et de Jean-Claude Malgoire, qui dirigeaient les trois principaux ensembles baroques dans la France des années 1980. Ces années-là, on le sait, ont été un véritable âge d'or. Les festivals réclamaient de plus en plus Bach, Haendel et Rameau, le CD révolutionnait le marché du disque… C'est une chance incroyable d'avoir intégré ces ensembles au moment où la musique baroque connaissait un renouveau sans précédent.

Mon métier, c'était donc le basson, mais ces expériences de chef, pour rares et marginales qu'elles étaient, ne passaient pas inaperçues. Mes employeurs, les grands chefs « baroques » d'alors, étaient tour à tour encourageants, condescendants et peut-être méfiants. Ils le sont devenus plus encore lorsque j'ai voulu monter et enregistrer une œuvre qui comptera beaucoup par la suite : *Platée*, de Rameau, d'abord donnée en version de concert à l'Opéra-Comique, pour un gala de la Fondation Abbé-Pierre. Au même moment, ce que j'ignorais, Jean-Claude Malgoire projetait de monter l'ouvrage en scène et de l'enregistrer aussi, avec des chanteurs communs ! Même froide, une guerre se préparait...

Je regardais ces trois grands musiciens, admiratif de leur travail, de leurs fortes singularités, prenant des notes mentales sans même le savoir, tout en comprenant avec de plus en plus de clarté ce que je savais, moi, ne pas vouloir.

Malgoire, c'était la musique même, la générosité incarnée... et un capharnaüm absolu ! Rien ne fonctionnait normalement, tout naissait dans le chaos et, quand ça allait mal, eh bien... on verrait demain. Ce qui en sortait, c'était de l'émotion pure, des moments de grâce, mais aussi un goût d'inachevé. Là, c'est sûr, j'ai beaucoup appris.

Avec Herreweghe, un esprit profond, une science et un instinct fantastiques, mais je me disais toujours : « Si un jour je dirige Bach, je ferai différemment. » Pour moi, Bach était l'absolu, la puissance, et ce que nous faisions était pesé, mesuré, mais aussi très intense, avec des chanteurs incroyables, comme le Collegium Vocale Gent, tout simplement prodigieux. Je suis fier d'être présent dans au moins trois de ses enregistrements fondateurs que sont la *Passion selon saint Jean* et le *Magnificat* de Bach, les *Vêpres* de Monteverdi et la *Trauerode* de Bach.

Christie lui aussi est un artiste unique, visionnaire, capable de créer un monde sonore par sa simple présence. J'ai découvert Marc-Antoine Charpentier avec lui, participant à la représentation de l'œuvre qui porte le nom de son ensemble, *Les Arts florissants*, au sommet des chefs d'État de juin 1982 à Versailles. Avec

John Eliot Gardiner, William Christie aura contribué comme personne au réveil du baroque français. Son extrême raffinement se différenciait cependant de la recherche d'un son plus franc qui allait devenir ma marque de fabrique dans la musique française quelques années plus tard.

Avec Christie et Herreweghe, j'ai joué sans cesse pendant trois ou quatre années qui auront été les plus formatrices de ma vie d'instrumentiste. Outre nombre d'enregistrements majeurs, j'ai participé à la résurrection d'*Atys*, moment capital dans l'histoire du renouveau baroque, en France et dans le monde. J'allais avoir l'occasion d'entrer dans ce jeu, de faire entendre une autre voix, sur un autre ton, dans mon premier disque dès mars 1987, quelques semaines après la recréation d'*Atys*, avec l'« autre » Lully. Non plus celui de la tragédie mais celui des comédies-ballets.

Alors que nous répétions *Atys* avec Les Arts florissants, j'ai en effet reçu un appel de René Blanchard, directeur des coproductions radiographiques à Radio France. Je passais mes journées dans la fosse à côté de Christophe Rousset, Hugo Reyne, Emmanuelle Haïm, tandis que sur le plateau la toute jeune Véronique Gens émergeait du chœur auprès des ténors Joël Suhubiette et Hervé Niquet, qui tous deux fonderaient plus tard leurs propres ensembles. Une génération entière découvrait Lully avant de répandre sa parole dans le monde entier.

René Blanchard m'appelle donc :

> J'ai entendu dire que vous dirigiez avec talent un bon ensemble baroque. C'est l'année Lully, nous avons besoin de matériel pour illustrer le répertoire lullyste. Avec Philippe Beaussant, nous pensons à un grand projet autour des comédies-ballets de Lully et Molière : *Monsieur de Pourceaugnac, Georges Dandin, Le Bourgeois gentilhomme*, tout ce répertoire oublié.

Après *Didon et Énée*, cet appel a été la seconde chance de ma vie.

Ces disques allaient en effet inaugurer la collection « Musifrance » qui unissait Erato et Radio France, pour laquelle j'ai travaillé pendant huit ans sous la supervision du fondateur d'Erato, Michel Garcin. Michel, c'était pour moi le Cecil B. De Mille de la musique française. La discothèque de mes parents était remplie de ses productions avec Michel Corboz, John Eliot Gardiner, Jean-Pierre Rampal, Marie-Claire Alain, Maurice André, Jean-François Paillard, François-René Duchâble... Être soudain produit par lui : irréel ! Il s'est révélé un personnage très bienveillant, très paternel.

C'était d'ailleurs le « papa » de toute une génération. Il avait un flair incroyable. On discutait, il écoutait mes idées, donnait les siennes, souvent meilleures. Ça allait très vite, et hop ! au studio. Dans la cabine d'enregistrement, les directeurs artistiques de Radio France étaient comme des chefs d'orchestre numéro deux. Michel Garcin lui-même a joué ce rôle pour moi une fois, Pygmalion d'un jour. C'est lui qui m'a par la suite recommandé à Lina Lalandi, la fondatrice de l'English Bach Festival, en la laissant croire qu'il enregistrerait *Alceste* de Gluck si je le dirigeais. Finalement, j'ai enregistré presque tout le Gluck « parisien », mais pas encore *Alceste* !

Pour les comédies-ballets, j'avais rassemblé des instrumentistes exceptionnels : Fabio Biondi, Pierre Hantaï, Hugo Reyne, Ageet Zweistra, Sébastien Marq, Marie-Ange Petit... Peut-être pas très lisse mais puissant, avec beaucoup d'énergie. Les attaques, le tempo, le chant : le quadruple F de *Télérama* confirmait mes intuitions premières. Le disque est sorti en pleine année Lully et a eu un vrai succès public et critique. C'est lui qui m'a jeté dans le grand bain où s'ébrouaient Christie, Malgoire, Gardiner justement... C'était la fin du vinyle, les débuts du compact : nos comédies-ballets furent le premier disque Erato sorti uniquement en CD – un nouveau monde. L'album est devenu en peu de temps une sorte de référence pour le baroque français, à tel point que, quelques années plus tard, le trio comique Les Inconnus piraterait la chaconne de *L'Amour médecin* pour en faire l'introduction de leur tube parodique *Auteuil, Neuilly, Passy* – le « rap BCBG ».

L'enregistrement avait eu lieu en mars 1987. Le disque n'était pas encore paru, me voilà contacté par une musicologue, Sylvie Bouissou, spécialiste de Rameau. Elle était animée d'une grande passion. « Je suis Sylvie Bouissou, j'ai entendu dire que vous avez certaines qualités, je fais un mémoire sur *Les Surprises de l'amour* à la Villa Médicis, je voudrais que vous veniez en enregistrer l'anthologie que je viens d'éditer. » Elle a convaincu Michel Garcin. En un claquement de doigts, au beau milieu de l'été 1987, nous voici à Rome, Villa Médicis, pour enregistrer une grande suite des *Surprises de l'amour.* 45 °C à l'ombre, je m'en souviendrai longtemps.

Entassés dans un salon sans air conditionné, nous reproduisions le grand orchestre ramiste, grouillant et chatoyant. Scénario inimaginable aujourd'hui. Nous n'avions aucune idée de la valeur commerciale, de la viabilité économique de l'entreprise. Mais dès la rentrée, l'aventure continue. Avec Michel Garcin, donc Erato, mais sans Radio France, car cette fois je propose d'enregistrer une œuvre inconnue de… Haendel.

Cette passion pour Haendel est à l'origine de ma rencontre avec Ivan Alexandre. Nous nous étions croisés pendant les répétitions d'*Atys*, mais nous nous sommes vraiment parlé pour la première fois en direct sur France Musique lors d'une émission produite par le regretté Jean-Michel Damian, *Cordes sensibles*, et organisée par le journaliste Piotr Kamiński, sur les opéras de Haendel. Je garde cette émission dans ma mémoire car Ivan m'est apparu tel qu'en lui-même : un expert incollable de Haendel, entre autres. Peu de temps après, nous avons pris un verre dans une brasserie parisienne, et Ivan Alexandre me dit : « Tu devrais t'intéresser à la première version du *Trionfo del Tempo e del Disinganno*, le tout premier oratorio d'un gamin de vingt-deux ans. C'est une partition difficile à cerner, redoutable à chanter, personne ne s'y est encore risqué. »

Nous sommes toujours en 1987. *Il Trionfo del Tempo e del Disinganno* est un festival de tubes comme le *Lascia la spina*, devenu le *Lascia ch'io pianga* de *Rinaldo* plusieurs années plus tard ; mais aussi de perles rares comme le duo pour alto et ténor, le quatuor en forme de valse, l'air final aux confins du silence... L'idée d'exhumer cette œuvre pour le disque est géniale et l'enregistrement est pour moi l'occasion de travailler avec des chanteuses exceptionnelles. Ce sont les retrouvailles avec la toute jeune Nathalie Stutzmann dont j'avais accompagné les débuts dans Vivaldi, à l'époque un peu fragile mais déjà pleine de promesses, qui a fait ensuite une carrière monumentale et dirige à son tour aujourd'hui les plus grands orchestres. C'est l'art poétique à la fois profond et théâtral de Jennifer Smith. C'est la virtuosité délirante d'Isabelle Poulenard et le prophétique John Elwes...

Au début, notre programme était double : en concert, ce que nous voulions ; au disque, ce qu'on nous commandait. Philippe Beaussant avait apporté « Molière & Lully », une affiche qui était toute sa vie ; Sylvie Bouissou nous avait confié *Les Surprises de l'amour*, Ivan Alexandre son édition du *Trionfo*.

Nous avons poursuivi sur nos deux jambes : Haendel (des « premières » qui nous paraissaient indispensables comme *Amadigi di Gaula* ou *Teseo*, mais aussi les *Concerti grossi* opus 3 partout récompensés) et le baroque français (là encore des inédits comme la *Ragonde* de Mouret qui fut le modèle de *Platée*, *Platée* même ou encore *Titon et l'Aurore* de Mondonville, chez qui Rameau semble épouser Vivaldi).

Entre-temps, Michel Garcin nous avait quittés. J'ai déjà parlé de la paternité d'Harnoncourt, mais Garcin aura été un autre père pour moi. Continuer chez Erato sans lui avait moins de sens. Un jour, recevant à Londres un Gramophone Award pour un album Stradella, je croise Peter Czornyj, grand producteur d'Archiv Produktion – le label « historique » de Deutsche Grammophon –, venu recevoir un prix avec « son » artiste Reinhard Goebel que j'admirais tant depuis si longtemps. Je le félicite, il me félicite. Et je lui dis : « Il est temps pour nous de changer de port d'attache. » La semaine suivante, je recevais un appel. Un mois plus tard, le contrat était signé.

Dans le même temps, une pseudo-compétition avec William Christie et Les Arts florissants se poursuivait malgré nous. Le cas *Alcyone* était délicat. Le chef-d'œuvre lyrique de Marin Marais aurait dû revoir le jour à Radio France au début des années 1980 sous la direction de Christopher Hogwood. Mais le concert fut annulé et le projet remisé. Jusqu'à ce qu'Erato et Radio France profitent de leur nouvelle collection pour réveiller *Alcyone*. La partition éditée par le spécialiste Jérôme de La Gorce était prête, nous avions l'orchestre, les chanteurs. Début 1990, donc avant la « Marais-mania » suscitée par le film *Tous les matins du monde*, nous enregistrons *Alcyone*, instant parfait de la tragédie lyrique entre Lully et Rameau, sans savoir que les Arts florissants avaient le même projet : ils durent finalement y renoncer. Notre album restera donc unique. Beaucoup verront alors en moi non plus un jeune rival mais un adversaire de mon aîné. Vision si réductrice démentie aujourd'hui par une amitié vraie.

Au moment où je rejoins Archiv avec Les Musiciens du Louvre, les Journées Rameau se profilaient à Versailles, nous avions déjà prévu d'y donner *Hippolyte et Aricie*. La première tragédie lyrique de Rameau serait notre premier album Deutsche Grammophon alors que Bill enregistrait le sien. Deux enregistrements, singuliers et complémentaires.

À l'époque, ces conflits de programmation ne me touchaient pas beaucoup. L'important, c'était plutôt d'entrer chez Deutsche Grammophon, le label de Karajan, de Gardiner, de Goebel, de Karl Richter, de Helmut Walcha et d'Edwin Fischer, de tous ces disques qui avaient bercé mon enfance. J'entrais de mon vivant au Panthéon ! Je me souviens qu'on m'avait offert l'intégrale des symphonies de Beethoven par Karajan, justement, dans un coffret doré, avec des photos de l'orchestre qui me faisaient rêver.

3

SE RÊVER CENTAURE

Le cheval prend une part de plus en plus importante dans mon existence depuis plusieurs années. Le lien secret avec ces animaux qui sont un peu plus que des bêtes remonte à mon adolescence, mais il ne s'est affirmé vraiment que dans les années 2000. Aujourd'hui, je monte dès que mon agenda quotidien me le permet. Surtout, j'ai eu quelques occasions, si heureuses pour moi, d'unir la musique et le cheval, en particulier avec Bartabas, que j'ai invité à la Mozartwoche de Salzbourg en 2015 et 2017. Le chemin a été long avant d'en arriver là…

Les rues de Paris sont mon milieu naturel depuis toujours : j'ai connu le Louvre sans sa pyramide, la rue de Rivoli sans ses touristes. Enfant, j'adorais Paris. J'étais un rêveur, c'est du moins ce que mes parents et mes frères disaient de moi, comme, à l'école primaire et au collège, mes professeurs. Sans doute au sein d'une fratrie chacun choisit-il un personnage dont le rôle n'a pas encore été attribué.

Le cadre de vie de mes premières années a encouragé ce tempérament. Dans ce grand appartement face au musée, à un pas de la Comédie-Française, mes parents parlaient et vivaient d'abord de culture, bien que politique et médecine ne soient jamais loin. Avec mes deux frères Antoine et Nicolas et ma demi-sœur Marianne, nous formions un groupe un peu disparate qui comptait un absent : Laurent, un enfant perdu par noyade peu avant ma naissance. Ma mère était déjà près de la quarantaine quand c'est arrivé. On m'a toujours assuré du contraire mais, le jour où je l'ai appris, je me suis tout de suite vu comme un remplaçant. Chacun, dans ce genre de situation, réagit à sa façon. En ce qui me concerne, j'ai adopté, inconsciemment d'abord, une certaine forme d'insouciance : je prenais et continue de prendre les choses comme elles viennent, à me servir de mon don plutôt que de m'acharner aux études par exemple. Je partage avec ma sœur Marianne une passion pour les travaux de nos grands-parents psychiatres qu'elle a si bien connus. Antoine, de son côté, est à la fois le gardien de la vie familiale et mon tuteur équestre, si brillant éleveur. Mon frère Nicolas, enfin, partage avec moi et les précédents une admiration complexe et sensible pour notre père Alexandre.

Quoi qu'il en soit, les arts, la littérature, le théâtre, la musique, me guident depuis toujours, presque plus par nature que par culture. Mon père était ce qu'on appelle un « ponte », un mandarin. Il était populaire, une figure notable du monde médical mais aussi médiatique. Politicien de cœur, chroniqueur, auteur de nombreux ouvrages, dont le premier, un livre d'entretiens avec Jean Lacouture, *Le Mandarin aux pieds nus*. À Roussillon, dans notre maison de Provence, j'observais mes parents au travail, mais je n'ai lu ce livre qu'à l'âge adulte, pour y découvrir que mon père, Alexandre, aurait aimé être chef d'orchestre. Ma mère était quant à elle la fille d'une brillante violoniste américaine, Edith Wade, dont la carrière avait été ralentie puis interrompue après un accident en montagne.

Il y avait à la maison, je l'ai déjà dit, une discothèque magnifique qui a certainement posé les fondements de ma connaissance en musique. Elle comprenait notamment beaucoup d'albums d'Archiv Produktion, le label de musique ancienne créé après-guerre par Deutsche Grammophon pour valoriser le patrimoine infini de cette maison dont je deviendrais un artiste par la suite.

Edwin Fischer, Karl Münchinger, Karl Ristenpart, Carlo Maria Giulini et son indémodable *Don Giovanni*, les fameux *Brandebourgeois* d'Harnoncourt, les symphonies de Brahms par Karajan, voilà, entre autres, ce qui a bercé mon enfance et mon adolescence.

Comme mon père, ma mère, Anne Wade Minkowski, était très active, d'abord en tant que traductrice de l'anglais vers le français. Je me souviens de *Dernier recours*, de Susan Sontag, qu'elle traduisait pour Le Seuil. J'étais évidemment trop jeune à l'époque pour les lire, mais j'étais tellement fier quand je voyais arriver les livres à la maison : « Traduction Anne Wade, éditions du Seuil »... Après la traduction des poèmes de Katherine Mansfield, nous avons assisté, très surpris, mes frères, mon père et moi, au développement rapide de ses compétences dans le domaine de l'arabe littéraire, choisi finalement après avoir envisagé l'hébreu.

Elle avait alors, et a gardé jusqu'au bout, un désir d'élévation, d'évasion aussi, qui s'est épanoui une fois ses enfants devenus grands. Bien sûr, en tant que traductrice, elle maîtrisait déjà plusieurs langues, mais son choix s'est donc porté sur l'arabe pour en faire une seconde carrière. Elle s'est réinscrite à l'université, au risque de nous rendre, nous, ses hommes, un rien moqueurs. Nous en avons été pour nos frais et nous sommes retrouvés, quelques années plus tard, très impressionnés par ses succès puisqu'après sa maîtrise son travail fut jugé si bon qu'Adonis, le grand poète libanais, la choisit comme traductrice française principale. Elle a aussi traduit *Le Prophète* de Khalil Gibran, dont sa version reste la référence la plus largement accessible.

La musique n'était pas absente de son univers : en compagnie de sa mère, elle a connu Nadia Boulanger, noué une amitié très forte avec Hugues Cuénod, le merveilleux ténor suisse de l'Ensemble vocal Nadia Boulanger justement. Elle m'a confié toute la correspondance de sa mère avec Vincent d'Indy au sujet de sa sonate, s'est prise de passion pour Joseph-Guy Ropartz... Je garde de ces rencontres un trésor : le carnet d'autographes et de correspondance de ma grand-mère où d'Indy, Debussy, Casals, Ropartz, Ernest Bloch, Nadia Boulanger et d'autres ont laissé une ou plusieurs traces.

Entre cette figure scientifique, médiatique, mélomane et, autant le dire, sacrée « grande gueule » qu'était mon père d'une part, et cette personnalité maternelle artiste, poète, liée à la musique plutôt par les êtres que par les disques qu'était ma mère d'autre part, je baignais donc dans un milieu musical. En rien professionnel mais continuel. Je me vois encore, à l'école primaire, participer à des sorties avec l'association les Musigrains. En septième, comme on disait alors, et donc âgé de dix ans sans doute, ma première sortie « musicale » a eu lieu au Théâtre des Champs-Élysées. Je me souviens aujourd'hui de l'impression ressentie devant ces lignes d'or et l'harmonie du théâtre. Parmi ces premiers souvenirs au concert, reste aussi un voyage à Lille où Jean-Claude Casadesus dirigeait un programme puissant que j'ai encore en mémoire : *L'Oiseau de feu* et le concerto de *L'Empereur* avec Emil Gilels.

À vrai dire, l'appartement de la rue de Rivoli était souvent un domaine dans lequel j'évoluais seul. Il n'y avait pas de casque à la maison – aujourd'hui encore, je déteste ça –, alors je le transformais en auditorium. Mes frères n'étaient presque jamais là. Plus âgés que moi, ils avaient participé à Mai 68 et étaient maintenant aux études... Ma mère suivait ses cours d'arabe, mon père exerçait à l'hôpital : dans la journée, il n'y avait donc personne. Je dévorais les disques sur la chaîne hi-fi familiale, du matin au soir.

Ce soin avec lequel on devait sortir la surface noire et brillante d'un vinyle de sa sous-pochette en papier fin, le geste si délicat de poser le saphir sur le 33 tours, c'est tout autre chose que d'appuyer sur un bouton ! À cette époque, réaliser son propre disque, c'était fort. Je ne sais pas si les jeunes musiciens peuvent ressentir ça : sortir un disque est devenu à la fois plus simple et plus banal. Plus facile techniquement, plus difficile au fond, car tout va beaucoup plus vite, les disques vraiment accomplis sont donc beaucoup plus rares.

Comment ne pas avoir envie de jouer d'un instrument moi-même dans ces conditions ? À l'école primaire (pas encore l'École alsacienne), on nous faisait jouer sur ces petites flûtes à bec que les élèves apprenaient à haïr presque tout de suite. L'envie me prit alors de jouer du violon, l'instrument roi des orchestres que je passais mon temps à écouter. Mon père avait été violoniste amateur, très mauvais selon ses propres dires. Ma grand-mère américano-suisse installée à Paris aurait pu me transmettre son art, mais on choisit le conservatoire le plus près de la maison, celui du IVe arrondissement de Paris. Les cours de solfège et de violon commencèrent.

C'est Régis Pasquier, rejeton d'une grande famille de musiciens dont la mère était professeur de solfège et le frère alto solo à l'Opéra de Paris, qui me prit dans sa classe. Ce grand monsieur très doux était sans aucun doute un excellent professeur pour des élèves déterminés. Il me prodiguait ses cours alors que j'entrais en sixième au lycée Charlemagne – où l'un de mes camarades de classe, d'origine catalane, s'appelait Manuel Valls. Problème : plus encore qu'aujourd'hui, j'aimais que tout fonctionne tout de suite.

L'envers du don si l'on veut, son mauvais côté : je n'appréciais… non, je ne supportais que ce qui permet d'obtenir des résultats rapidement. La patience, l'âpreté au travail sont des qualités qui me sont venues sans le vouloir avec l'âge, mais le violon n'est pas un instrument sur lequel on peut s'épanouir et prendre du plaisir en peu de temps. Acquérir les réflexes, maîtriser les positions est très délicat, pour l'apprenti… comme pour l'entourage. Il y avait là un élève beaucoup plus doué que moi : mon amour-propre en souffrait autant que mes oreilles. Je me revois, alors que mes parents étaient au Brésil ou au Cambodge pour un congrès médical, traîné par mon frère Nicolas au conservatoire où je ne voulais pas aller, tentant de profiter de leur absence. C'était devenu une corvée. Une douleur même.

Avoir abandonné le violon est aujourd'hui un de mes grands regrets car, pour un chef d'orchestre, l'attaque du pupitre, le premier violon, reste la meilleure école. En répétition, je parle beaucoup plus aux cordes qu'aux vents. J'ai une confiance naturelle dans les vents, alors que les cordes représentent toujours un idéal, un au-delà, presque hors d'atteinte. Je dois expliquer davantage et plus en longueur, ce qui parfois ne va pas sans conflit. Quoi qu'il en soit, après un an au lycée Charlemagne, j'atterris à l'École alsacienne, institution parisienne où mon grand-père psychiatre, auteur, entre autres, du *Temps vécu*, puis mon père ont été écoliers. L'appartement de mon grand-père, au 132, boulevard du Montparnasse, est à quelques encablures de l'école, et je partage avec ma tante Janine mes premières émotions musicales.

À cet âge, tous les hasards sont des petits morceaux de destin. Mon père jouait au tennis avec un timbalier de l'Opéra de Paris qui l'invita à une représentation du *Chevalier à la rose*. Ma mère est absente, mes frères sont de jeunes adultes rebelles. C'est donc moi qu'il emmène. Karl Böhm dirige et, bien que néophyte, j'en suis conscient : quelque chose d'important traverse la salle et entre en moi pour toujours. Plus tard, nous retournons entendre Jean-Claude Casadesus, et la magnifique salle de l'Opéra de Lille m'impressionne. Les émotions se bousculent sans que je m'en aperçoive. Sans que je puisse les nommer.

Nous entretenions alors, mon père et moi, un lien d'une force incroyable. Il commençait à deviner en moi le renouveau de la famille par la pratique des arts qui lui importait tant. Et je n'en finissais pas d'admirer son esprit, sa hauteur. C'était un rapport passionnel, pas du tout exclusif en l'occurrence : Alexandre était, plus qu'un médecin, une figure publique tantôt adulée, détestée, crainte, recherchée, dans la sphère scientifique comme en politique… Vous me voyez, comme mes frères et sœurs, marqué à jamais. Quand je suis né, j'étais peut-être l'enfant de trop pour lui qui en avait déjà quatre, dont un disparu. Mais à l'adolescence, nous avons commencé à nous rapprocher, grâce à la musique. C'était un mélomane frénétique alors que je venais de découvrir cet univers. Il retrouvait avec moi la joie de partager la musique qu'il avait pu avoir avec ma demi-sœur Marianne, fille de son premier mariage pendant la guerre. Cette expérience au violon a donc échoué, mais elle ne m'a pas éloigné de la musique. Au contraire. Je suis devenu à mon tour un mélomane de douze ans bien résolu à persévérer.

Ce n'est donc pas cet échec qui aurait pu m'empêcher de devenir musicien. C'est le cheval. Avant Roussillon et la Provence, c'est en effet au Bec-Hellouin que ma famille posait ses valises pour les week-ends et les vacances, or la Normandie est une région équestre. Mon frère Antoine montait dans un centre situé non loin de la maison, qui se trouve être aussi un élevage de chevaux de sport réputé dans le monde entier. Bref, je « dois » monter à cheval ! Aujourd'hui encore, ce frère aimé dirige un élevage de niveau international.

Tout se passe vite : je suis assez doué et j'aime ça. Le lien avec l'animal et la nature me comble et j'y passe le plus clair de mon temps quand je suis au Bec. Pour que je puisse apprendre plus facilement, mes parents m'offrent un cheval. Mon frère le monte aussi, mais c'est mon cheval. Je tenais alors à cette précision, cela me fait rire aujourd'hui. Il s'appelle Chelem, comme le chelem du bridge. Un trotteur réformé, ça se passe bien entre nous, voilà tout. C'est comme ça.

L'enseignement de l'équitation à l'époque est impitoyable : à l'horizon de tous les entraînements il y a les concours : concours de sauts d'obstacles, concours complets... Il faut à chaque moment sauter une barre, une haie, décrire un parcours compliqué au manège. Moi, je ne pense qu'à une chose : découvrir à cheval les forêts normandes magnifiques et si douces, si vertes. Faire des balades en groupe. Faire des balades tout seul. Aussi loin que je me souvienne, le cheval est associé à cette idée d'aventure. C'est ce que je cherche. L'équitation d'extérieur étant alors peu considérée, cet attrait pour la balade me discrédite aux yeux des professeurs. Aujourd'hui, on trouve d'excellents cavaliers pour qui l'extérieur, la randonnée est un but, une discipline. Si j'avais rencontré ces gens alors, il n'est pas sûr que la musique aurait pris le dessus : je ne me sentais heureux qu'avec des animaux et j'imaginais leur consacrer ma vie, devenir éleveur de chevaux. J'aurais pu devenir un sportif à l'époque et, aujourd'hui encore, ma corpulence ne m'empêche pas d'être regardé comme tel par certains spécialistes. Pourtant, ce n'est pas l'aspect sportif qui m'attirait, ni ne m'attire encore. Ce qu'il me faut, aujourd'hui comme hier, c'est le contact physique. La terre, le bois, l'air, l'animal.

Je ne me suis jamais ennuyé à cheval mais le contexte – se faire reprendre sans cesse par un instructeur aride, autoritaire, avec sa casquette de tweed... –, tout me repoussait. J'ai à l'évidence un problème avec l'autorité, et je n'ai en fin de compte jamais passé aucun diplôme dans quelque discipline que ce soit. Chez moi, l'instinct donne de la voix et je l'écoute. En montant comme en dirigeant.

Je suis maintenant à un moment de ma vie où le désir d'apprendre est devenu plus intense. L'école ne me fait plus peur, au contraire. À l'époque, c'est la dureté qui prévalait. Dans ces années 1970, le monde du cheval n'avait pas encore été atteint par l'esprit de Mai 68 et beaucoup de vocations ont été découragées par cette approche rétrograde. De nos jours, on admet quantité de pratiques. Le travail en extérieur et l'éthologie sont reconnus, essentiels, la relation intuitive entre l'homme et le cheval est valorisée, l'attelage est une discipline respectée, les chevaux de trait retrouvent leur noblesse et deviennent des chevaux de selle. Alors, tout cela était considéré comme anecdotique.

Cet enseignement rigide m'a fait abandonner. Progressivement, avec l'adolescence et mon activité naissante de bassoniste, les week-ends normands se font plus rares, le cheval va s'éloigner. La musique finit par tout emporter – toute mon envie, toute ma passion, tout mon temps.

L'animal est cependant resté en moi tout ce temps. Je l'ai rangé dans un recoin de mon cœur en sachant qu'un jour il reviendrait, sans pouvoir dire quand. Oui, pendant vingt-cinq ans de ma vie, je me suis dit : « Un jour, "ça" va devoir revenir. »

Mes contacts les plus forts avec les chevaux pendant cette interruption ont été les spectacles de Bartabas auxquels j'assiste : *Loungta*, *Battuta*, *Calacas*, *Le Sacre de Stravinsky*, jusqu'à ma rencontre avec le personnage. Inévitablement, l'idée nous vient à tous deux de faire se rejoindre nos deux sphères : son art équestre et mon domaine musical. Est-ce que l'envie de reprendre est arrivée à ce moment-là ? Peut-être.

Près de la maison où j'échappais alors à Paris, sur l'île de Ré, se trouve un centre équestre comme il en existe tant dans notre pays. C'est là que, par petites touches, une ou deux fois par an pour commencer, je me suis remis à monter. Quelques minutes volées, mais je sentais la flamme éteinte se ranimer. Le seul problème est que les montures étaient de bons soldats, certes, mais fourbus, abîmés, des travailleurs de l'ombre automatisés comme souvent en pareil lieu.

C'est à Jackie Marchand, formidable directeur de La Coursive de La Rochelle pendant tant d'années, que je dois d'avoir enfin trouvé le bon animal, la bonne voie pour monter de nouveau pour de vrai.

Jackie et son adjointe Florence Simonet ont rendu cette magnifique institution rochelaise humaine et forte. Je partage tant avec eux : des œuvres, des spectacles… des artistes surtout, et en particulier Bartabas. Ils m'ont rapproché de Zingaro et fait découvrir les spectacles dont je parlais plus haut. C'est donc Jackie Marchand qui m'a appris que, dans mon village îlien de Loix, un artiste cavalier, voltigeur, membre de Zingaro qu'il venait juste de quitter et interprète des spectacles qui m'avaient tant touché, venait de s'installer. L'écurie de Manu Bigarnet, devenue une brillante école de voltige dont je m'honore aujourd'hui d'être le président d'honneur, se trouvait juste à côté de ma maison. J'étais passé devant à vélo des centaines de fois. Un appel, nous nous accordons sur un horaire, et j'y suis.

Pour entrer dans l'écurie, je passe une porte et Manu qui me salue est en train de doucher un trait poitevin gris argenté magnifique. C'est pour moi une révélation : j'ai toujours vu les chevaux de trait comme des souvenirs, je n'avais jamais pris le temps de m'arrêter pour examiner leur morphologie et je suis frappé, ce jour-là, de leur extrême beauté. Manu m'explique qu'il a une passion pour ces animaux, qu'il travaille avec eux le dressage et la voltige. Il a aussi un trait comtois. Le Poitevin est robuste mais pas très haut, avec une robe magnifique. Le Comtois a une forme cylindrique, tout en étant athlétique, avec ses crins blonds lavés. Je découvre tout cela et fais un premier tour sur le Comtois. Ça y est, j'ai envie, le démon s'est réveillé. Ce n'est bien sûr pas un hasard si mon premier spectacle avec Bartabas se prépare à ce moment-là. Remonter, oui, mais comment faire ? Avec quel cheval ? C'est Bartabas qui me dit : « Tu connais le Shire horse ? »

Je n'avais jamais entendu parler de cette race et mes recherches me conduisent à me demander si Bartabas, aussi humain et chaleureux que caustique au plus haut degré, ne m'a pas fait une blague : on dirait un montage proche du mammouth, un dromadaire avec une structure équestre ! J'en parle à Manu Bigarnet, qui m'alerte : houla, attention, c'est énorme, c'est étrange, c'est compliqué. Rien de mieux pour attiser mon envie : je veux voir. Pas si loin de Ré, à Nantes, se trouve un élevage de Shires et de Clydesdales.

La découverte de ces créatures reste un des événements majeurs de ma vie au cours des quinze dernières années. Le Shire horse est majestueux, avec sa robe le plus souvent noire et sa carcasse imposante. Le Clydesdale a un côté lunaire, c'est un animal de science-fiction, tirant sur le yéyé, ses larges taches irrégulières ressemblent aux continents d'une planète immense. Ils ont en quelque sorte la même architecture, ce sont des races jumelles, mais le Clydesdale a une apparence plus rustique, peut-être plus sympathique. Il me ferait penser à la monture de la

Résistance dans *L'Empire contre-attaque*, ces fameux Tauntauns qui résistent à la neige et à la fatigue – en râlant mais bons camarades.

Quand j'arrive, ils ne sont pas montés, ils sont au pré. J'apprends la différence entre les deux races : le Shire appartient à l'Angleterre profonde. César en a eu dans ses armées, la reine est présidente d'honneur de la Shire Society. Ils sont en voie de disparition ou du moins protégés et on essaie de maintenir la reproduction d'individus de race pure.

Le Clydesdale, lui, est un emblème de l'Écosse. La Clyde River est une rivière qui a donné son nom à une banque du pays et le Clydesdale est la mascotte de la bière américaine Budweiser. « Bud », comme on dit, réalise des films publicitaires avec ces chevaux depuis des années. La marque a même un « Clydesdale ranch » ! Je regarde ces publicités, qui sont un monument de drôlerie et, quelquefois, de poésie. Tout est si nouveau pour moi…

Au fil des recherches, je finis par découvrir le centre équestre Cumbrian Heavy Horses, dans la merveilleuse région du Lake District. La directrice, Annie Rose, va devenir une amie. En découvrant ces chevaux énormes en nombre, une vingtaine en tout, je suis pris d'une émotion intense, sortilège et crainte mêlés. Mes amis cavaliers ressentent d'ailleurs la même chose quand ils découvrent mes chevaux aujourd'hui. Ce jour-là, Annie me propose, avec ses associées monitrices, de faire un tour en privé. Ça tombe bien, je n'ai pas envie d'être en groupe, je veux retrouver mes sensations d'adolescent solitaire sur son cheval dans la nature.

On m'emmène sur une plage magnifique, Silecroft, un espace immense, aride, couvert de galets mis à part une mince bande de sable, une étendue infinie juste en face de l'Irlande. Certains lieux vous transmettent une énergie incroyable. C'est le cas. De ma vie, je ne m'étais jamais retrouvé à cheval sur une plage.

Le paradis du cavalier, synonyme de liberté sans limite et de risque aussi : beaucoup de chevaux lancés dans un espace non borné perdent toute inhibition, oublient le cavalier. Yvonne, l'une des monitrices d'Annie, m'encadre du mieux qu'elle peut et je me retrouve sur le dos de Skye, mon premier Clydesdale. Je suis très timide au début. Yvonne reste à côté de moi, on se sépare un peu, la jument est sage, puis vient le trot, le galop, et, d'un coup, l'incroyable fusion avec la nature, avec le rivage sans fin, avec la mer jamais en repos, les montagnes du Cumbria, l'Écosse. Oui, d'un seul coup je renoue avec mon rêve d'enfant, avec le besoin de vivre… dehors. Sans porte, sans mur. Cette expérience remet au premier plan un désir qui ne me quittera plus.

J'en rêve de plus en plus, Manu Bigarnet m'assiste dans cette quête, il m'encadre, m'informe, et j'achète mon premier Clydesdale chez Annie. Pendant six ans, mon niveau d'adolescent doué revient un peu, plus ou moins, le temps a passé… Je ressens l'appréhension classique d'un musicien qui se met dans une situation dangereuse : c'est avec notre corps que nous jouons, que nous chantons, que je dirige, je ne dois pas l'abîmer, cet instrument. Mais ces chevaux ont une telle bienveillance, une telle gentillesse… Beaucoup de cavaliers qui les ont essayés avec moi ont eu cette sensation mêlée de sport et de majesté, d'élévation. Le Shire a une force à lui, c'est une tonne de chair et de muscles qui se met en marche et se transmet dans le corps humain, et qui s'adapte à tous les gabarits, aux sédentaires, aux athlètes, aux jeunes filles, aux enfants, qui se prête au dressage avec une grâce unique.

Depuis toujours, quand une passion me saisit, elle me dévore. Je cherche le meilleur cheval, un deuxième, un troisième, d'autres encore. À chaque déplacement, en Autriche, en Allemagne, en Suède, aux États-Unis, je visite des élevages des deux races et je ne peux pas m'empêcher d'en ramener. J'en ai sept aujourd'hui, et l'envie de monter un spectacle dont ces chevaux seront les héros me tenaille. Ce projet a évidemment du mal à voir le jour alors que j'écris ces lignes : l'essentiel de ma vie consiste à gérer des plannings, à apprendre ou à réviser mon répertoire, à piloter une institution au cœur d'une tempête budgétaire, administrative et pandémique déchaînée vers sa destination qui n'est pas de produire des spectacles équestres mais des opéras.

Aujourd'hui cependant, je peux dire qu'une semaine passée sans monter est pour moi une épreuve. Le confinement imposé au début de la pandémie m'a tout retiré : l'air libre, l'animal, la musique. Mes chevaux vivaient alors dans une structure qui ne m'appartenait pas, et l'envie de disposer de mon propre lieu lié au spectacle, à la musique et à l'art équestre est devenue une nécessité. Je suis très reconnaissant envers mes professeurs qui m'ont remis en selle avec une patience et une confiance sans égales : Manu Bigarnet, déjà cité, Jean-Marie Boissonnier, Franck Reyne, Jayson Calhas-Almeida. Je veux aussi mentionner mon premier Clydesdale, Millichen Jake, venu de Glasgow, d'une fidélité et d'une douceur et d'une énergie phénoménales.

Ces arts de l'équitation et de la musique n'ont-ils pas toujours été liés ? Beaucoup de bâtiments équestres ont été polyvalents, destinés aussi à la musique. Le manège du château de Versailles, par exemple, a vu naître *Platée* de Rameau. La Haute École de Vienne a également abrité des concerts variés d'œuvres composées et dirigées par Johann Strauss et tant d'autres. Le grand manège d'Amsterdam a été construit par le même architecte que le Concertgebouw. La Loge olympique, importante société de concerts de la fin du XVIIIe siècle, utilisait également un lieu équestre pour certaines de ses représentations. Le Cirque d'hiver, lieu de l'art équestre par excellence, a aussi accueilli des concerts jusque assez récemment. Massenet, d'abord timbalier de l'orchestre de Jules Pasdeloup, nous rappelle que c'était le siège des concerts du même nom. Dans le futur, j'imagine pouvoir approfondir l'association entre ces deux pratiques.

Pourquoi ? Quand je suis à cheval en pleine nature, il arrive que la musique qui fait habituellement toute ma vie s'éclipse. Du moins les contraintes qui vont avec. Monter comble mon désir d'évasion. J'oublie la ville, le trac, le public, l'orchestre, les bras de fer, les déceptions. Même l'ivresse du concert et la transe de l'opéra, je les oublie.

Antoine me demande souvent si la comparaison attribuée à Glenn Gould entre corrida et concert me parle. Il y a un peu de ça. C'est violent, cette comparaison, mais c'est parlant. Je ne peux pas, de mon côté, renoncer à cette corrida-là, à l'arène du concert, de la fosse, de la scène, car elle me porte autant qu'elle me dévore. Plutôt que de m'en extraire en ermite canadien, je mets donc face à elle, pour faire pendant, un jeu animal d'un autre ordre : me rêver centaure.

4

....

DEVENIR CHEF

Pierre Monteux, le grand chef né en même temps que *Carmen* et le Palais Garnier – 1875, un siècle avant moi –, le créateur du *Sacre du printemps* avec Diaghilev en 1913 mais aussi de *Petrouchka*, de *Daphnis et Chloé*... a été sans le savoir, par l'intermédiaire de son assistant Charles Bruck, celui qui m'aura aussi appris à diriger vraiment. Une chance extraordinaire due au hasard. Nous sommes fin 1981, j'ai dix-neuf ans, quand mon père me parle d'une de ses collaboratrices, Madame Léa, avec qui il collabore régulièrement et qui a pour voisin un professeur de direction d'orchestre.

C'est elle qui a donné à mon médecin de père l'idée de nous mettre en contact : « Ce serait bien que Marc le rencontre, non ? » L'intuition de cette soignante dévouée allait changer le cours des choses. Avec le recul, j'y vois un signe de plus de l'affection de mon père qui parlait de son benjamin à qui voulait – ou qui ne voulait pas – l'entendre...

En réalité, elle ignorait de qui il s'agissait. Charles Bruck était pourtant un grand chef. Il enseignait alors à Stanford. Il avait dirigé l'Orchestre de la Radiodiffusion française puis l'Orchestre symphonique de la radio de Strasbourg avant de revenir à l'ORTF. Il avait laissé à ces phalanges le souvenir d'un vrai tyran mais aussi celui d'un initiateur à un répertoire contemporain rare et remarquable. Premier assistant de Pierre Monteux à qui il avait tout naturellement succédé à la tête de la Monteux School, qui faisait partie de la fondation dédiée à la mémoire du Maître, près de Boston, dans le Maine. Doris et Nancie, sa veuve et sa fille, y résidaient. Sa sépulture s'y trouve encore.

Bruck était un Franco-Hongrois vivant essentiellement en Amérique, comme Monteux. Il avait étudié au sein de l'académie fondée par celui-ci aux Baux-de-Provence, où il retourna à la fin de sa vie. Au moment où je le rencontre, quand il n'est pas à Stanford, il habite square Mignot, non loin du Trocadéro. C'est donc là que je vais le rencontrer ou, plus exactement, me faire interroger comme les victimes du Sphinx :

« Que joue le deuxième basson à la mesure 10 de l'ouverture des *Noces* ? Quel est votre but dans la vie ? Pourquoi voulez-vous diriger ? »

Si jeune, je me sentais blanc-bec face au sage Yoda : Charles Bruck était chauve et tout ridé comme le maître des Jedi... Il était à la fois très dur et très bienveillant. Avec le recul, il me paraît évident que cette dureté visait à nous endurcir, nous. Ou plutôt à solidifier nos âmes et nos gestes, à nous maintenir droits du côté clair de la Force...

Cette fonction de chef d'orchestre, c'est à la fois un paradis et un enfer. On passe sa vie à se retrouver devant des groupes inconnus, souvent las et hostiles, qu'il faut charmer sans savoir ni pourquoi ni comment, et en étant certain de ne jamais faire l'unanimité. Une entente cordiale miraculeuse, d'une grâce absolue, pourra disparaître le jour suivant pour une erreur, un mot, un instant où l'on aura manqué de confiance en soi. Se voir applaudi par cet orchestre, et méprisé par un autre en répétant la même œuvre... Tout est possible, tout arrive.

Il faut donc une assurance, une précision, dont Charles Bruck connaissait et partageait les secrets avec ses étudiants. Bien sûr, j'aurais dû revenir à Hancock, dans le Maine, par la suite, pour perfectionner la recette… et pas seulement ma connaissance des ingrédients ! Les engagements se sont succédé trop vite et cela n'a pas été possible. Peu importe ! c'est ainsi, et je veux croire que cette formation « sur le tas » plutôt que sur la table m'a aussi permis de prendre une route singulière, de sortir tout de suite des sentiers battus, de me maintenir à l'abri des préjugés qui sont la règle dans notre sphère.

Quoi qu'il en soit, après cet interrogatoire dans l'appartement un peu sombre du XVIe arrondissement, je n'avais pas dû dire trop de bêtises puisque l'impitoyable pédagogue fit silence un temps avant de me demander :

« Bon, est-ce que vous voulez venir suivre l'académie cet été en tant qu'auditeur ? »

À dix-neuf ans, je n'avais jamais quitté la maison sans mes parents pour une période si longue. Bien sûr, les États-Unis étaient la terre de mes ancêtres maternels. Mais tout de même, quelle aventure ! Quelle angoisse… Pourtant, je n'ai pas hésité une seconde. Trop intimidé, j'ai simplement répondu « oui », la seule phrase dont j'étais capable.

Me voilà donc dans le Maine. La règle était simple et identique pour tous les participants. Chacun devait jouer dans l'orchestre, les chefs confirmés, les élèves déjà aux niveaux supérieurs comme les plus jeunes. Pendant deux mois, tous les samedis, un concert était dirigé par trois ou quatre apprentis différents, et chacun dirigeait au moins une fois pendant les deux mois que durait l'académie. Chacun bénéficiait aussi chaque semaine d'une séance avec le maître. Une liste d'une cinquantaine de titres du répertoire symphonique nous avait été envoyée avant notre départ, et nous étions censés être capables de diriger n'importe lequel à tout moment. Charles Bruck s'asseyait tout en haut de l'orchestre, au-dessus des timbales, sur un fauteuil de réalisateur, et nous « balançait » à la figure, difficile de trouver un autre mot, des choses épouvantables.

La première œuvre que j'ai dirigée face à lui, c'est la *Symphonie n° 25 en la majeur* de Mozart. Il nous stoppait net au bout de six mesures : « Arrêtez ! » en hurlant presque, en français avec un fort accent hongrois. Puis il parlait en anglais à tout le monde.

« Arrêtez ! Vous me donnez le mal de mer. »

Ses remarques étaient techniques. Comme mon idole d'alors, Nikolaus Harnoncourt, il avait pour obsession un premier temps clair qui entraîne la mesure à sa suite, avec une forte insistance sur la gestuelle. Aujourd'hui, je suis perçu comme un chef « expressif » au point d'être parfois jugé peu clair par certains – dans le sillage d'un Munch plutôt que d'un Monteux, si l'on veut. Mais j'ai été confronté très jeune à la plus vive intransigeance : précision, précision.

À la fin du stage, l'œuvre choisie par Charles Bruck pour mon baptême du feu était l'ouverture du *Carnaval romain*, de Berlioz. L'un des moments les plus importants de ma vie. La présence de mes parents ajoutait une certaine solennité à la circonstance – même s'ils étaient surtout là pour honorer leurs propres engagements aux États-Unis…

Les autres académiciens étaient tous plus âgés que moi et, tous également, d'un très haut niveau instrumental. Il y avait là le cor anglais solo du Cleveland Orchestra, un chef déjà directeur musical de l'Orchestre symphonique national du Mexique, des personnalités affirmées, venues de tous les horizons. Il y avait eu Neville Marriner, Seiji Ozawa et David Zinman. Il faut se rendre compte de ce que c'était : chaque jour on voyait un stagiaire en pleurs ou en pleine crise de nerfs… À cinq heures de l'après-midi, on vous disait d'un coup : « Demain, tu diriges le premier mouvement de la *Première* de Schumann. » L'infortuné passait une nuit blanche... pour se faire écraser le lendemain. Oui, il y avait une dureté, voire une certaine forme de cruauté, une remise en question permanente qui m'ont peut-être découragé d'y retourner. Je revois malgré tout ces moments fondateurs comme des coups de burin dans la pierre brute : avant, il n'y a que de la matière ; après, il y a une forme, une structure, de la musique. Ils m'ont marqué à vie.

À vrai dire, la rigueur de l'enseignement était plus que compensée par la présence bienveillante de Doris Monteux, la veuve du grand disparu, qui veillait sur nous avec sa fille Nancie. Je crois me souvenir que Charles Bruck invitait les étudiants à dîner parfois, par petits groupes... Peut-être quand il se rendait compte qu'il était allé trop loin ? Il m'avait en tous les cas invité seul, moment idyllique. Je me demande si un enseignement aussi rude et strict serait toléré aujourd'hui. Techniquement correct, mais politiquement...

C'est là, quoi qu'il en soit, que mon répertoire s'est élargi jusqu'à ne plus se préoccuper de frontières ou de spécialités. Chez Bruck, j'ai dirigé Berlioz, Mozart, Schumann, et même si le début de ma carrière s'est déroulé en terre « baroque », étiquette qui m'a toujours plus collé que servi, j'ai su dans le Maine que je ne me contenterais jamais d'une époque, d'un style ou d'une « spécialité ».

Je suis rentré de Hancock avec quelques convictions qui ne m'ont pas quitté : diriger, c'est une énergie ; le son que je veux obtenir se construit par la base, la basse, le « bas » de l'orchestre ; plus le geste est clair, plus l'orchestre est confiant – donc heureux.

Avec le temps, trouver la juste émotion, le climat, la lumière, le relief... « exprimer », en somme, a toutefois pris le dessus. En fait, cette recherche a toujours été première dans mon esprit, la *Didon* de Purcell par où je commençais en 1982 témoigne de cette priorité. Jeune chef, pour gagner sa légitimité face à des collègues musiciens qui savent tout aussi bien que vous, on se concentre forcément sur le métronome et sur la justesse de l'ensemble. Mais chassez le naturel… Sans don de soi-même, pas d'émotion, et sans émotion – quelle qu'elle soit, pas nécessairement l'émotion lyrique – je ne sers à rien, les musiciens seuls feront le boulot aussi bien sans moi. L'instrumentiste n'est pas un fournisseur de son, c'est un artiste. Pour se placer face à lui et l'emmener… ailleurs, il faut avoir quelque chose d'important à lui proposer. Un sentiment imprévu et sincère. Un enjeu, un pari, une ivresse. Sinon, à quoi bon !

L'expérience est un trésor inestimable pour un chef, je le réalise maintenant. Sans doute est-ce le cas de tous les métiers, mais, comparé à un pianiste ou à un violoniste, un chef passe si peu de temps devant son instrument ! L'expérience demande plus de temps, plus de patience – et on n'a quasi pas le droit d'essayer, il faut tout de suite agir, tout de suite réussir. C'est l'expérience qui nous permet de traduire une pensée en expression et en forme avec liberté. C'est l'expérience qui nous dit comment parvenir à cette liberté par plus ou moins d'attaque, plus ou moins de netteté à la fin du son, plus ou moins de contraste dans les nuances selon l'ouvrage, le moment, le lieu, l'humeur. En Asie par exemple, en tous les cas au Japon, les orchestres ont besoin d'un investissement physique qui les stimule tout en les détendant – la liberté nécessaire à l'expression musicale est à ce prix, et il faut du temps pour la trouver. Mais alors, ils vous la rendent au centuple et de plus en plus. L'époque des caricatures, des « robots japonais », est révolue depuis longtemps, si elle a jamais existé. À Tokyo, à Kanazawa, c'est la vie même qui nous guide.

Avec le Metropolitan Orchestra de Tokyo, les répétitions commencent toujours dans un silence complet que je rêverais d'obtenir ailleurs mais qui peut aussi effrayer : qu'attendent-ils ? Que sentent-ils ? J'ai appris à ne pas jouer au plus technique que la technique avec eux, à préparer la transe collective par l'engagement physique, et par l'humour qui ouvre tant de portes mystérieuses. C'est une forme d'élégance, de délicatesse partagée. Et j'ai vécu à Tokyo quelques-unes des heures les plus électrisantes de ma carrière.

Les Berliner ou les Wiener Philharmoniker, au contraire, exprimeront clairement une attente de réciprocité, de complicité. Ils se considèrent aussi importants que le chef invité et se comportent avec vous comme le feraient les membres d'un quatuor avec leur premier violon. Le message doit circuler dans les deux sens. Par exemple, ils ont très clairement exprimé leur joie de découvrir un répertoire inhabituel pour leurs formations quand j'ai eu la chance de partager avec eux des expériences de cette nature : Gluck, Rebel… Arvo Pärt.

Ils donnent, je donne. Dans le même but, mais pas la même chose. Attendent-ils une leçon de maintien ? Un ballet au millimètre ? Parfois bien sûr, quand il y a danger. Pas toujours. Pendant de nombreuses années, on m'a dit : « Tu devrais continuer à prendre des cours. » Certes. On n'a jamais fini d'apprendre. Et, même implacable, ma formation académique est restée peut-être trop succincte pour que je me croie docteur. Je suis monté au pupitre dès mon retour de Boston, à un tel rythme, en tant de lieux, dès le début, qu'il est vite devenu impossible de reprendre le chemin de l'école. À défaut de suivre des cours, je prenais alors – et prends toujours d'ailleurs – des leçons en allant voir mes collègues. Dès que je pouvais, j'allais voir Simon Rattle, j'écoutais, j'observais, je discutais. Simon est devenu un ami, mais on apprend de tout, partout, tout le temps. Même des concerts qui vous parlent moins.

La question demeure donc : la direction d'orchestre s'apprend-elle ? La technique sans doute. Mais devenir chef, je ne crois pas. Depuis trente ans et plus, certains gardiens de la tradition – que je respecte absolument, au passage – contestent parfois ma légitimité parce que je n'aurais ni la formation, ni le bagage, ni même le langage d'un chef qui aurait eu un premier prix dans une école régionale, puis poursuivi ses études au Conservatoire de Paris. Et pourtant, par conviction, par entêtement et par ce sentiment particulier d'avoir été « prédestiné », d'avoir reçu ce « don », dans tant de maisons, tant de festivals, j'y suis arrivé et j'y arrive toujours, parce que la plupart des gens prennent ce qu'il y a de meilleur en moi, et parce que, de mon côté, je m'efforce toujours de dépasser la rapidité peut-être excessive de ma formation initiale et la place ambiguë prise par le don. C'est mon style, mon monde – ma gestuelle. Pour peu qu'on n'en attende pas la perfection d'un Maazel ou l'exactitude d'un Boulez, je crois qu'elle fonctionne. Si elle ne fonctionnait pas, c'est très simple, il me semble qu'on ne m'inviterait plus. Il y a beaucoup de chefs excellents dans le monde.

Je n'avais pas de plan de carrière. Ces invitations, je ne les recherchais pas systématiquement. Comme beaucoup de « spécialistes », mon ensemble d'intermittents disponibles et familiers me suffisait. Lully, Haendel, Rameau, Gluck, même Offenbach ou Mendelssohn avec Les Musiciens du Louvre, c'est un bonheur sans mesure, une fierté, un accomplissement en soi. En serais-je resté là, peut-être ne me manquerait-il rien du tout. Or on m'a invité très tôt, et très vite aussi dans des répertoires inattendus. Trop tôt ? En tout cas, pas à mon initiative.

Le premier orchestre à le faire aura été le Philharmonique de Rotterdam. Puis Berlin, Göteborg, Vienne, Salzbourg, Cleveland, l'Orchestre de Paris, le Philharmonique et le National de

Radio France… Beaucoup de moments fantastiques et quelques échecs. Le métier, le milieu, ne vous accordent pas facilement le droit à l'erreur.

C'est un conseil que je donnerais aux jeunes chefs : choisissez avec soin votre répertoire quand on vous invite pour la première fois. C'est fondamental. Il s'en faut d'un rien, parfois d'un centimètre, pour que la balle rebondisse ou reste dans le filet. Commencez par des œuvres où vous êtes d'emblée légitime, qui intéressent l'orchestre parce qu'elles élargiront son propre répertoire. Ça peut sembler une évidence, mais quand le début d'une carrière vous sourit, il est très difficile de refuser une invitation ou de contredire le programmateur, et un « oui » lancé avec joie par enthousiasme, par goût du risque, peut avoir des conséquences moins joyeuses.

Avec les orchestres français, j'ai commis plusieurs erreurs. La plus triste sans doute aura été d'accepter les symphonies de Brahms avec le National de France alors que je ne les avais quasiment jamais dirigées auparavant. C'était un piège : il s'agissait de compléter les deux concertos pour piano par Hélène Grimaud et Nicholas Angelich à La Roque-d'Anthéron. Nous avons eu la chance de refaire ces concertos plus tard avec Hélène, mais je ne peux pas ne pas évoquer ici l'immense artiste qu'était Nicholas, ni ne pas pleurer sa disparition si brutale. Quoi qu'il en soit, malgré le mauvais souvenir de ces concerts, on ne peut dire que merci. Mauvais souvenir, d'ailleurs, qui ne vient pas des concertos mais des symphonies de Brahms logiquement adjointes en seconde partie. Nous venions de jouer ce programme au festival de Montpellier dans une salle faite pour l'orchestre. Et nous voilà dehors, par temps humide, sous la conque improbable du parc du château de Florans. Les œuvres étaient nouvelles pour moi, le lieu était nouveau, l'orchestre, les solistes, le public, le climat, les cigales, les grenouilles,

les moustiques, le rituel de La Roque, tout était nouveau. Trop de nouveautés : la matière m'a littéralement échappé. Aucun moelleux, aucun fondu. Pire : il s'agissait du concert d'ouverture, en présence du ministre et de toute la hiérarchie « culturelle ». À cela non plus je n'étais pas préparé. Tout le monde se demandait ce que je faisais là. La critique française m'a éreinté avec le plaisir qu'on imagine. L'orchestre s'est senti en danger. Ce qui pour moi était une imprudence était pour eux une trahison. Comment leur donner tort ? Ce passage à La Roque plein de reproches reste aujourd'hui l'un de mes souvenirs les plus amers.

À défaut de nouveaux cours délivrés par Charles Bruck, j'ai conservé un lien avec la Monteux School grâce aux enregistrements du Maître. J'ai écouté des centaines d'archives et de disques, comme des répétitions de Beethoven dans un franglais étonnant. Par la suite, j'ai découvert que Monteux avait assuré la résurrection du premier opéra intégral de Lully au XXe siècle, *Acis et Galatée*, soutenu par la Société Wagner d'Amsterdam, dans l'édition d'Henry Prunières – et cette découverte a compté puisqu'elle m'a convaincu de me pencher sur cette pastorale tardive que j'ai tenu à enregistrer, à mon tour pour la première fois, bien des années plus tard.

Il y a huit ans, à Milan, l'ancien premier violon du Mahler Chamber Orchestra devenu chef m'avait invité à assister à une masterclass du grand Jorma Panula. Ce chef, c'est Antonello Manacorda. Il dirige partout aujourd'hui et s'est formé en grande partie tout seul, en observant depuis son pupitre, comme moi. Disciple de Claudio Abbado, il a été à bonne école. Pour compléter son apprentissage, il a pris des cours avec le maestro finlandais, gourou international et professeur de tous les grands chefs de l'école scandinave, Esa-Pekka Salonen, Susanna Mälkki, Mikko Franck, tant d'autres…

Antonello l'avait invité à Milan avec plusieurs chefs italiens ainsi que ma fidèle complice Nathalie Stutzmann, et j'ai eu la chance de pouvoir les rejoindre au cours d'une session. Qu'en retenir ? C'est difficile à décrire. Un sentiment général d'élévation, des gestes qui vont vers le haut. Très important, le sens du geste. Il ne contribue pas seulement au rituel, il affermit le lien essentiel entre musique et spiritualité. Pas seulement pour la musique religieuse. Pour tout, de la polka à l'opéra.

Panula dirige avec sobriété. Rien à voir avec les coups de fouet de Bruck. Il construit en hauteur. Il rappelle que diriger, c'est d'abord élever. La musique dite classique peut divertir, mais elle a surtout vocation à élever, à dépasser. C'est ce que j'ai retenu de Panula en quelques phrases laconiques.

J'étais à l'époque très attaché à ma collection de baguettes anciennes du XIXe et du début du XXe siècle. Ces baguettes historiques sont des objets intimidants, luxueux, en palissandre, en ébène, parfois en ivoire rehaussé d'or ou d'argent. Vu ma morphologie, ces baguettes d'un autre temps ne paraissaient pas démesurées dans ma main. Puisque nous jouons des violons anciens, des trompettes naturelles, des timbales en peau, pourquoi ne pas les diriger avec les outils qui leur correspondent ? J'aime essayer : j'ai essayé. Ce qui a fait sourire nombre de musiciens dans les orchestres traditionnels qui me recevaient. J'ai montré à Jorma Panula une baguette du XIXe siècle, très imposante, et il s'est montré respectueux. Il y a une photo de George Szell, l'un de ces maestros à poigne qui ont construit le « son américain » d'après leur Mitteleuropa natale, où il dirige encore avec une baguette de ce style.

Au-delà de la forme ou de l'époque du « bâton » existe une autre division importante entre baguette et main nue. Toscanini utilisait de longues baguettes de bois, prolongement de son bras mais aussi marque d'autorité, sceptre, totem que le chef brisait de rage à l'occasion. D'autres chefs préfèrent des objets plus courts, sortes de doigts supplémentaires. Certains, Valery Gergiev par exemple, poussent jusqu'au cure-dent à peine visible ou, comme Leopold Stokowski, Pierre Boulez, Kurt Masur, sans rien. Pour moi, tout dépend. Dans une fosse d'orchestre assez sombre, la baguette est un point de repère plus facile à suivre pour les musiciens. En concert, Bach ou Rameau s'en passent très bien.

Quant aux gestes… Pierre Monteux avait des mots très durs pour Bernstein que j'admire mais qu'il trouvait trop agité, car lui était comme un roc, frontal, immuable. L'extrême, c'est Richard Strauss lui-même. La statue du commandeur, à peine un regard, le moins de gestes possible. Ce qui n'a évidemment aucun rapport avec ce qu'on entend. Toscanini cultive également une sobriété quasi machinale, contraste saisissant avec le torrent de lave sonore qui jaillit de l'orchestre.

Au début je dansais. Exprimer, c'était mimer dans l'espace. Avec le temps, j'ai appris à bouger moins, plus concentré sur les idées et les sentiments, plus économe d'une théâtralité qui peut se retourner contre l'expression si on n'y prend garde. Il n'empêche que j'appartiens à l'espèce « physique », impliquée corps et âme dans le drame sonore. Cette mobilité, cette danse sont des choses que je ne peux expliquer ni réfréner. Beaucoup de mes jeunes collègues dirigent assis en répétition, en concert même. Moi, depuis quarante ans, il m'est impossible de m'asseoir au pupitre. Je finis par le faire pour des passions de Bach, de la musique plus intime ou pendant les récitatifs accompagnés par un clavier, mais dans mon corps toute l'énergie, toute l'expressivité montent du sol. Le jour où il faudra que je m'asseye, je me sentirai infirme. J'ai déjà dirigé avec une triple fracture et une botte de marche, mais debout !

Il n'y a pas de recette pour autant : j'ai eu la chance de voir Sergiu Celibidache, très âgé, diriger une symphonie de Bruckner. Il était affaibli et avait donc dû s'asseoir sur son tabouret. Pourtant, quel torrent d'énergie pure il déclenchait ! Quelle folie se transmettait à l'orchestre ! Aucun mouvement : l'essence du mouvement. Autre leçon inoubliable.

Une autre de mes habitudes, ce sont ces expressions, ces images verbales qui ont un rapport avec la lumière, le coucher de soleil, la nuit, l'éclat, mais aussi avec le sexe ou la cuisine, et qui provoquent des réactions très diverses quand je les emploie avec des orchestres traditionnels modernes. Il est pourtant évident que « bouillant », « glacé », « sucré », « épicé » sont des mots simples qui recoupent la notion même d'interprétation et peuvent réveiller des musiciens fatigués d'entendre « moins vite », « plus vite », « plus fort », « moins fort », « ensemble ». Quand on poursuit un but intraduisible en termes techniques, les images peuvent être d'un secours très efficace. En répétition, je laisse aussi parfois entrer la politique, l'actualité, et il m'est arrivé de prendre trop de risques en comparant tel pupitre à un personnage en vue… Je ne crains pas non plus les métaphores sensuelles, parce qu'à mes oreilles l'orchestre incarne la sensualité absolue. Je le fais avec parcimonie, mais un groupe a parfois besoin d'être secoué pour sortir des sentiers conventionnels. Je ne cherche pas à gêner ou à détruire : seulement à décaler, à déplacer, comme on se déplace devant un paysage ou un tableau.

Comme beaucoup de chefs, je ne parle jamais de ma manière de diriger. C'est l'insistance de mon coauteur qui me conduit à le faire, en me nourrissant aussi de mes échanges avec mes plus proches. Occasion, entre autres, de réagir également à quelques bêtises entendues sur moi… ou sur les autres. Autodidacte, je me dis que l'expression, au moins, est à notre portée, que tout passe par elle. Les comparaisons avec la vie courante, le cinéma, le corps humain, la cuisine, le mobilier, pourquoi pas, je parle de canapé, de coussin… J'espère au moins, en « décalant » ainsi la vision, déplacer aussi le point de vue du musicien qui m'écoute, l'éloigner quelques instants de la routine, notre ennemi quotidien.

Parfois, c'est rare mais cela arrive, je peux pousser l'expressivité et le risque trop loin. Jusqu'à déclencher quelques allergies. Le plus étrange, c'est que ce sont souvent les « Latins » qu'une telle pression déstabilise. Dans les pays germaniques, en Allemagne, en Autriche, mais aussi dans le Nord ou en Russie, les musiciens cherchent plutôt cette tension qu'ils acceptent comme inhérente à mon style. Quoi qu'il en soit, l'expérience ici encore m'a appris à mieux appréhender la frontière entre risque et destruction. Je crois mieux sentir jusqu'où aller trop loin. Selon les œuvres, les orchestres, les salles, les jours.

Comme beaucoup de metteurs en scène qui travaillent avec des comédiens ou des chanteurs, je m'adapte à l'instant présent. Et de toute façon ce risque n'est jamais une fin en soi. Seulement un autre moyen que la seule technique pour servir le compositeur ou le librettiste. Mon instinct me dit : « Voilà ce que le compositeur a imaginé à ce moment-là », et que je veux mettre en valeur tout en prenant en compte l'usage et la tradition. Secret ou démonstratif, les musiciens aiment un chef qui sait ce qu'il veut. Harnoncourt avait le don de mêler silence et violence. D'autres se reposent sur leur savoir, ou leur foi… chacun son bagage.

Un exemple ? La marche nuptiale du *Songe d'une nuit d'été*. Mendelssohn plus Shakespeare plus mariage plus orchestre égalent grande page sérieuse et solennelle, peut-être la plus jouée dans le monde, surtout à l'orgue. Or il s'agit d'une comédie espiègle et mouvementée. Elle est à 4/4, certes, mais *allegro vivace*, pas *maestoso*. Il y a de l'ironie et de la provocation dans cette marche de théâtre. Or l'*allegro vivace*, vous ne l'entendez presque jamais. C'est Hermann Scherchen qui m'a fait prendre conscience de cette dimension théâtrale et légèrement parodique, joyeuse en tout cas. Je ne cherche pas à imiter mais j'écoute, et quelquefois l'évidence me saute aux oreilles au-delà des conventions : « Ça marche comme ça. » Alors je dirige cette marche *allegro vivace*, ce qui étonne le public autant que les musiciens. Simplement parce que c'est écrit. Je veux prendre ce risque-là : lire et transmettre sans préjugé.

Autre exemple connu : le récitatif des violoncelles et contrebasses qui introduit le finale de la *Neuvième*. Ce qu'on entend le plus souvent, ce que nous dit la *tradition*, c'est un récitatif large et ronflant, *fortissimo*, archi-*vibrato*... Bon. Pourquoi pas. La partition dit (en français) : « Selon le caractère d'un recitativ » (*sic*). Seulement, Beethoven ajoute : « Mais *in tempo*. » Or le tempo qu'il donne est : *presto*. Le compositeur demande donc un mouvement effréné dans le caractère d'un récitatif. Le coffret Beethoven par Karajan qui a nourri mon adolescence a aussi imposé son *largo* lyrique. J'ai adoré ça, cette entrée du Commandeur chaussé de bottes en bronze. Et puis j'ai découvert René Leibowitz, Hermann Scherchen, ensuite Roger Norrington qui a le premier suivi à la lettre les tempos publiés par Beethoven lui-même. Là encore : illumination. J'ai senti, j'ai *vu* ce que disait la partition. Un texte sans parole crié dans l'urgence avant l'irruption de l'ode pacificatrice. Bien sûr, je n'étais pas là en 1824. Beethoven était sourd, son tempo intérieur n'était peut-être pas son tempo joué, peut-être imprimait-il un certain *rubato*... Mais ce qu'il veut, il le dit. Un discours emporté. Que cela reste un récitatif ; mais que cela bouillonne. Paradoxe ? L'art du chef d'orchestre pourrait se réduire à cela : face à des contradictions apparentes, trouver le compromis qui n'en soit pas un. Se libérer à la fois de la tradition (j'allais dire de la trahison) et du dogmatisme musicologique.

Ces compromis m'ont parfois poussé à m'engager sur des terrains où je n'aurais pas voulu aller. Jusqu'au naufrage une fois ou deux. C'est sans doute le prix de l'abandon – nécessaire à toute rencontre. On veut être généreux, on charge la barque, qui coule. Mais, finalement, il y a eu peu de casse et, quand ça a été le cas, j'ai toujours énormément appris. Nos échecs sont nos meilleurs professeurs.

Aujourd'hui, je suis plus souvent demandé à l'opéra qu'en symphonique, alors que l'orchestre est aussi une joie en soi. Comme un acteur entre théâtre et cinéma, je suis à la recherche d'un certain équilibre. Quoi qu'il en soit, ce rôle me conduit parfois à me trouver engagé sur des projets audacieux qui me transforment à mon corps défendant en gardien du temple, en « savant » rigide qui veut d'abord sauver le texte, la partition, le style, alors que le metteur en scène peut, sans qu'on lui demande de comptes, se retourner contre le texte, la partition ou le style. Connu pour mon goût du risque, ma fantaisie, ma liberté, il m'arrive de souffrir des licences que certains prennent avec le livret et le compositeur sous prétexte d'adapter ces œuvres anciennes au public moderne. Il m'arrive aussi de le faire savoir, à mon détriment car nombre de directeurs défendent d'abord le « projet scénique » auquel ils s'identifient. Mais on ne sait jamais à quoi ressemblera l'enfant après une gestation douloureuse. Les crises peuvent déboucher sur un spectacle merveilleux, le calme peut conduire à une impasse. C'est rare, cela arrive. Comme dit Lindorf dans *Les Contes d'Hoffmann* : « Il ne faut jurer de rien. » En général, l'harmonie scène-fosse est une meilleure promesse que le conflit ou le silence. C'est en tout cas ce que je cherche.

Bien que chef, et à la différence de certains de mes collègues, je demeure un spectateur assidu, l'enfant d'une génération qui apprenait moins par l'école que par le concert et le disque. J'ai beaucoup appris et apprends beaucoup encore en sortant, en écoutant. Même quand je me sens très éloigné de ce à quoi j'assiste, ce qui arrive plus souvent qu'autrefois. Je m'assieds, j'apprends. Mon cœur s'emballe ou non, en tout cas ma tête prend des notes.

5

TOUS EN SCÈNE

Je suis d'abord, et je demeure, un instrumentiste à vent. L'acte de ciseler une phrase avec un chanteur, de le diriger dans son chant, est quelque chose qui me semble naturel, comme une prolongation de ma propre respiration. Très vite, cette proximité dans l'approche a été perçue par les interprètes comme une sorte de protection et de stimulation. Jusqu'à une course même, que certains redoutent, mais où ils s'épanouissent en fin de compte.

Le comédien et poète que j'avais envie de devenir adolescent a trouvé une vie nouvelle dans sa relation avec le chanteur. C'est ce que j'ai perçu dès le *Didon et Énée* de 1982. Être comme un souffleur, soutien et complice, parfois rival, combattant même, tous ces rôles, tous ces sentiments mélangés, voilà ce qui me lie aux chanteuses et aux chanteurs.

Souffler du vent dans leurs voiles : cet effort sportif en apparence me semble inséparable de la déclamation, si importante pour moi. Surtout dans la musique française, qui se distingue dès l'origine de la musique italienne par son attachement au verbe cru, cette mélodie invisible cachée au fond des mots qui unit des musiciens aussi différents que Lully, Rameau, Gluck, Offenbach, Debussy, Berlioz, Meyerbeer et Halévy. L'attention portée à cette façon d'articuler musique et texte est un lieu de rencontre avec beaucoup d'interprètes. Cela pourra aussi inquiéter un chanteur peu familier du style français, c'est très intéressant, parfois difficile : ce qui est naturel pour moi doit être conquis par l'autre, et chacun sa méthode. Chacun ses repères, ses images, ses intuitions.

Dans le bel canto romantique, j'essaie toujours de revenir à ce que Rossini, Donizetti et leurs disciples ont pu noter eux-mêmes. Bien sûr, il y a une tradition, qui ne vient pas de nulle part : elle a beaucoup à nous apprendre. Mais je suis parfois très étonné de ce qu'elle autorise ou croit pouvoir autoriser : *rubato*, suspension, points d'orgue interminables, effets qui ne sont ni dans la partition ni même dans la logique du moment ou du personnage. Même Puccini est très économe de ces effets – pourtant, avec lui, l'habitude est prise depuis longtemps de faire n'importe quoi. Tout pour un bravo. Je me souviens d'une *Traviata* à Londres qui s'est transformée en un match de boxe. J'avais en tête un idéal aussi fidèle que possible aux intentions notées par Verdi, mais l'une des interprètes de Violetta était paradoxalement si familière du rôle que tous les compromis sur lesquels nous nous accordions en répétition s'évanouissaient sur la scène de Covent Garden ! Même résistance à Bruxelles chez la Leonora du *Trouvère* qui prétendait suivre Verdi à la lettre y compris dans ses tempos métronomiques brandis en répétition pour revenir aux conventions héritées de la tradition une fois sur le plateau, ce qui n'a pas empêché cette production de rencontrer son public, surtout grâce à la mise en scène de Dmitri Tcherniakov. Ce répertoire si spécial est appelé « latin » pour le distinguer de la rigueur germanique. Je pense qu'on se trompe souvent. Rossini, Verdi, Puccini savaient très bien ce qu'ils écrivaient et ne craignaient pas le conflit avec des interprètes capricieux. Et je ne vois pas pourquoi la rigueur serait l'ennemie de la liberté. Prenez cela pour un lieu commun, mais un seul exemple : Maria Callas.

L'émotion pure dans la plus stricte discipline, le respect du phrasé, des nuances, du style.

Dans le répertoire germanique, j'ai aussi quelques expériences très fortes. Révéler Ingela Brimberg au répertoire wagnérien, au grand répertoire dramatique pour lequel la nature l'a taillée, a été une joie totale. Je l'ai fait venir de Suède à Bruxelles pour chanter Valentine dans *Les Huguenots*. Elle ne connaissait pas le rôle, n'imaginait même pas pouvoir y apporter quelque chose et pourtant l'évidence dramatique était là. J'ai donc tout de suite songé au *Vaisseau fantôme*, opéra du jeune Wagner dans lequel les sopranos dramatiques sont souvent à la peine et trichent à qui mieux mieux. La production a donné lieu à un enregistrement, et Ingela est aujourd'hui recherchée pour ce répertoire par tous les théâtres du monde. J'ai eu la chance, en tant que directeur, de l'inviter à chanter sa première *Elektra* à Bordeaux. Puis Brünnhilde dans *La Walkyrie*. Quelle fierté de révéler un chanteur dans le répertoire pour lequel il est fait ! Dans ces moments, j'ai parfois l'impression de me rapprocher du métier de mon père : je donne naissance.

Et le chemin que nous avons parcouru, frère et sœur, avec Mireille Delunsch ! Je l'avais entendue à Nancy dans les *Dialogues des carmélites* où elle m'était tout de suite apparue comme une vraie tragédienne française, avec ce mélange caractéristique de rugosité et d'élégance. Nous avons été partenaires dans bien des répertoires de Monteverdi à Offenbach, et qui peut oublier sa Folie dans *Platée* ? L'adéquation de son timbre, de son éloquence, de son allure avec la musique de Gluck est si naturelle qu'elle y a, en quelque sorte, fixé un standard. Je ne peux plus écouter *Armide* ou *Iphigénie* sans entendre sa voix.

La génération suivante n'a rien à envier à celle qui a veillé sur mes débuts. En France, au contraire, la promotion 2010 formée à l'Opéra de Paris comptait dans ses rangs Marianne Crebassa, Olivia Doray, Stanislas de Barbeyrac, Florian Sempey, Alexandre Duhamel, des artistes que j'ai découverts au berceau et qui sont aujourd'hui les étoiles de Londres ou de Vienne. Quel régal, et quel privilège d'ailleurs d'offrir à Stanislas son premier Ottavio, son premier Pelléas, son premier Don José, de faire débuter Marianne à Salzbourg et de remonter pour elle *Ariodante* vingt ans après, d'enregistrer Rameau et Rossini avec Florian, de suivre le chemin d'Alexandre. La fraternité vraie, palpable, de Stanislas et Alexandre dans *Pelléas*, je ne l'oublierai jamais. Deux hommes blessés encore jeunes que la tristesse fait mûrir trop tôt : entend-on cela tous les jours ? Leur Mélisande à Bordeaux était Chiara Skerath dont nous avons accompagné les premiers pas en Zerline et en Rosalinde.

Florian en Comte des *Noces* coule de source : il est aussi chanteur qu'il est Comte. Il ne se regarde pas jouer, il joue, avec ce mélange de brutalité et de noblesse qui fait les Comte authentiques.

Parfois, le hasard précipite l'action. Tout récemment, la jeune basse californienne Alex Rosen est venue remplacer un chanteur souffrant dans notre *Trilogie Da Ponte* pour les rôles de Masetto et du Commandeur. Retenez ce nom, une étoile en train de naître.

Anne Sofie von Otter en Ariodante ? C'était l'idée de Peter Czornyj, le directeur artistique d'Archiv Produktion dans les années 1990. À l'époque, c'était déjà une célébrité, elle avait été Octavian pour Bernard Haitink et Carlos Kleiber, Orphée pour Gardiner… La rencontre a cependant été si forte, si évidente encore une fois, que nous ne nous sommes plus quittés : Néron dans la *Poppée* de Monteverdi (avec Mireille Delunsch justement), Sesto dans *Giulio Cesare*, Dejanira dans *Hercules*, Clytemnestre dans *Iphigénie en Aulide*, beaucoup de *Nuits d'été* en concert et au disque, un récital Offenbach plus parisien que les Parisiennes… nous avons à peine besoin de nous parler. D'ailleurs Anne Sofie n'est pas spontanément loquace. On se regarde, on commence, et tout de suite on s'aperçoit que nous allons dans la même direction.

Si Anne Sofie m'a été présentée par Peter Czornyj, je dois à Jean-Pierre Brossmann les incarnations délirantes de Natalie Dessay et Felicity Lott dans trois opéras-bouffes d'Offenbach qui ont marqué ma vie (comme celle de Laurent Pelly). Je connaissais Natalie pour avoir beaucoup travaillé avec son époux Laurent Naouri. Laurent a même pu inventer pour lui-même un type de voix : le « baryton-Minkowski », selon ses propres termes. Nous avons tout fait ensemble, de Lully à Gluck, de Rameau à Boieldieu, de Haendel à Wagner, de Mozart à Lili Boulanger, tout. Et puis nous avons fait cet *Orphée aux Enfers* à Lyon, premier chapitre de notre roman Offenbach, roman comique devenu roman d'amour.

Orphée aux Enfers avait commencé à Genève dans le joli Bâtiment des Forces motrices qui accueillait l'opéra pendant les travaux du Grand Théâtre. À Genève, Eurydice était Annick Massis, autre sœur en art, porteuse d'un lyrique à la fois léger et dramatique, avec qui nous avons fait les quatre cents coups – Rameau, Haendel, Rossini, Poulenc… Son Eurydice était irrésistible de candeur, de virtuosité « haute école » et de drôlerie élégante. Mais à Lyon et Grenoble, Jean-Pierre Brossmann tenait à unir pour la première fois sur scène le couple à la ville Dessay-Naouri. C'est la version qui a été filmée. Entre gaminerie érotique et folie furieuse, un exercice d'équilibriste comme je les aime. Et un énorme succès que Jean-Pierre a voulu reproduire dès son arrivée à la tête du Châtelet. Même tandem Pelly-Minkowski mais dans un autre esprit. Dans *La Belle Hélène* puis dans *La Grande-Duchesse de Gérolstein*, il voyait Felicity Lott. Ce qui ne tombait pas sous le sens. Felicity est plutôt une grande dame timide qu'un sex-symbol provocateur. Et plutôt un soprano lyrique qu'un mezzo comique. La confiance du directeur, l'invention du metteur en scène, la liberté craquante de l'interprète se sont si bien rencontrées qu'*Hélène* a été repris deux fois, et que nous lui avons donné une petite sœur, la *Grande-Duchesse*, numéro insensé de Dame Felicity avec un « Carillon » inédit à décrocher le lustre du théâtre. Époque magique.

Tous ces noms me reviennent. Ioulia Lejneva et notre rencontre improbable à Moscou alors que je ne l'avais entendue que sur Internet, puis notre *Messe en si* de Bach à Compostelle et notre album Rossini à Varsovie. Magdalena Kožená bien sûr, remarquée dans une cantate de Bach et débarquée pour la première fois à « l'Ouest » dans *Armide*, les yeux écarquillés et cette voix de velours, le genre dont on ne se lasse jamais, qu'on redemande dès le premier silence, que j'ai rêvée en Néron de Monteverdi, en Cléopâtre de Haendel, en Cendrillon de Massenet, et Mélisande – pour mon premier *Pelléas* à Leipzig puis pour le centenaire de l'œuvre à l'Opéra-Comique.

Chaque nouveau directeur de l'Opéra de Paris reprend *Platée*, notre spectacle fétiche du répertoire. Toute l'équipe a joué dans cette merveille : Laurent Naouri, Jean-Paul Fouchécourt, Gilles Ragon, Paul Agnew, Yann Beuron… et en Folie Annick Massis, Mireille Delunsch, Julie Fuchs. En 1988, c'était mon premier opéra au disque. Pour cet enregistrement, je m'étais souvenu que Rameau avait écrit ce rôle habituellement confié à des sopranos légers pour la tragédienne bordelaise Marie Fel, une chanteuse véloce et cristalline, mais une Aricie, une Amélite dans *Zoroastre*, pas une poupée des *Contes d'Hoffmann*. (Celle qui était la Callas de l'Opéra de Paris dans les années 1740, soit dit en passant, mériterait mieux que le rond-point portant son nom dans une zone commerciale de la périphérie de Bordeaux.) C'est pourquoi j'ai proposé la Folie à Jennifer Smith, les larmes faites femme avec un humour à dérider les papes. Quelle révélation ! C'est de cette expérience limite qu'est venu ensuite le désir d'y entendre Mireille Delunsch, Iphigénie en goguette sur un rythme de gigue. Souvent imitée, moins souvent égalée.

Oui, j'aime prendre ce risque qui n'en est pas un : révéler au public un talent « caché ». Je crois avoir fait cela souvent. Récemment encore avec le ténor samoan Pene Pati et sa compagne Amina Edris. J'ai entendu Pene à San Francisco entre deux représentations du *Don Giovanni* que je dirigeais là-bas en 2017. L'enfant de Pavarotti et Kraus ! Je venais de prendre la direction de l'Opéra de Bordeaux et, avec Julien Benhamou, mon directeur de production si engagé et si talentueux, nous lui avons proposé coup sur coup Percy dans *Anna Bolena* – ses premiers pas en Europe –, Roméo dans l'opéra de Gounod et un récital au disque ; avant de le diriger moi-même dans le *Mitridate* de Mozart à Berlin. Même coup de foudre pour moi avec Amina, que j'ai aussitôt appelée pour *Manon* et à qui j'ai confié le rôle d'Alice dans *Robert le Diable*, un Everest pour les sopranos, et de la Folie dans la production 2022 de *Platée*.

Vous comprenez pourquoi je suis si malheureux quand on m'impose des chanteurs contre ma volonté sans discussion. J'ai besoin d'imaginer, de désirer, de me « faire mon film », de prendre ce risque en connaissance de cause. Je sais quand ça ne va pas fonctionner. Surtout dans les répertoires dits « anciens », avant Mozart, auxquels certains *casting directors* sont peu accoutumés, où ils se trompent régulièrement par préjugé ou par défaut d'instinct. Il arrive qu'une maison ou un festival me refuse cette confiance… Je tente alors l'impossible, en bon soldat, pour l'œuvre, pour le public, pour essayer aussi de mettre à l'épreuve ma propre confiance. Souvent ça ne fonctionne pas. Mais on découvre aussi comme ça. Je n'avais pas choisi Charles Workman dans l'*Armide* remontée à Nice par Jean-Albert Cartier ou Rachel Willis-Sørensen dans *Don Giovanni* à Londres. Formidables rencontres.

La mise en scène, on pourrait en parler des heures. Tout le monde l'a fait. Ce que je vois, c'est un public de plus en plus divisé. Ceux qui ont tout vu, qui savent que le nouveau vraiment nouveau est rare et imprévisible, et le public jeune, sans référence particulière dans ce domaine, qui cherche surtout des clefs, des repères. Encore osée dans mon enfance, l'actualisation est devenue le mode standard d'interprétation. Sous prétexte de faire entrer le réel à l'opéra, on accepte n'importe quoi. Le génie et l'imposture font bon ménage dans un brouhaha de malentendus. Mais les plus jeunes ne regardent ni les infos ni les films de Christophe Honoré. Ils se shootent à TikTok et *Game of Thrones*. Ce qui les attire à l'opéra, évidemment… c'est *Game of Thrones*. On peut le regretter, on peut lutter contre, mais pourquoi faire semblant de l'ignorer ? Je me souviens, quand nous avons repris *La Flûte enchantée* par La Fura dels Baus à la Bastille, Gérard Mortier disait : les vieux râlent, les jeunes adorent. Je n'ai pas enquêté mais il ne me semble pas me souvenir que les jeunes préféraient les nouveaux textes poétiques aux dialogues de Schikaneder. Ils applaudissaient les images vidéo proches de l'univers manga, et la Reine de la Nuit avec son costume d'amazone. Donc pas tellement la modernité : plutôt le grand spectacle à l'ancienne.

Le rôle d'un directeur, pour moi, c'est précisément de réussir à poser les trois sommets du triangle : chanteurs, chef, metteur en scène. Je ne connaissais pas bien Jean-Pierre Brossmann avant d'avoir eu la chance de travailler avec lui pour *Orphée aux Enfers* mis en scène par Laurent Pelly. Je savais bien sûr la figure qu'il était, la révolution qu'il avait fait vivre à l'Opéra de Lyon en recrutant deux figures opposées et inattendues, Gardiner puis Nagano : l'un et l'autre ont modifié l'image des productions lyriques des années 1990. Mais cet *Orphée* montrait ce qu'est un grand directeur. Quelques saisons plus tôt, il nous avait permis de prendre part à l'inauguration de l'Opéra de Jean Nouvel en programmant *Phaëton* de Lully, le premier opéra représenté à Lyon sous Louis XIV. Spectacle électrique mais bancal, inachevé, mal reçu par le public et la critique, accouché dans la douleur. Benno Besson, transfuge du Berliner Ensemble et enfant de la ville suisse d'Yverdon, que nous espérions Jean-Pierre et moi, avait déclaré forfait. Or une chorégraphe de grand talent, qui venait de se faire remarquer dans le film *Prospero's Books* de Peter Greenaway, avait alors le vent en poupe. Son univers « baroque » promettait beaucoup, et personne ne voulait se mesurer au récent triomphe d'*Atys* dans le style « historique ». La fête a mal tourné – ces choses arrivent –, mais surtout elle a fini dans les cris et les larmes, ce que les directeurs redoutent par-dessus tout. La plupart adorent les scandales, mais paisibles, sans vagues. *Phaëton*, c'était plus que des vagues : une tempête, et devant les caméras puisque l'émission de Claire Alby, *Opéra* (irremplaçable, entre parenthèses), a pris le téléspectateur à témoin. « Regardez ! disait ce petit film incroyable. C'est Lully qu'on assassine, partagez notre désarroi. »

N'importe quel directeur m'aurait couché sur sa liste noire après une telle insolence. Or M. Brossmann avait ce talent rare de ne jamais confondre climat et résultat, inclination personnelle et confiance professionnelle. L'échec de *Phaëton* oublié – échec relatif d'ailleurs : nous avions rassemblé Véronique Gens, Jennifer Smith, Howard Crook, Jean-Paul Fouchécourt, Philippe Huttenlocher… et même la fabuleuse Rachel Yakar pour ses adieux à la scène –, il s'est aperçu que Grenoble, voisine de Lyon, venait d'engager deux artistes férus d'opéra : Pelly au Centre dramatique national des Alpes, et moi avec Les Musiciens du Louvre. Il a choisi *Orphée aux Enfers* pour provoquer notre rencontre. Cette fois, non seulement le succès a suivi, mais Offenbach est redevenu *hype*. Le patron dans son rôle : cultiver à la fois rigueur et intuition, risque et bonne gestion, jeunesse et patrimoine. Provoquer des rencontres fructueuses.

Une fois nommé directeur du Châtelet, il nous a commandé *La Belle Hélène* et *La Grande-Duchesse*, spectacles fondateurs qui m'ont ouvert beaucoup de chemins et ont scellé un pacte fraternel entre Laurent Pelly et moi. Entre *Orphée* et *La Belle Hélène*, j'avais proposé à Hugues Gall notre paire gagnante et il a retenu l'idée pour *Platée* au Palais Garnier – production toujours en pleine forme après un quart de siècle, montée à l'époque avec le soutien de mon assistant d'alors, Sébastien Rouland, aujourd'hui directeur musical du Staatstheater de Sarrebruck. Ensuite, avec Laurent toujours, nous nous sommes retrouvés pour *Les Boréades*, *Les Contes d'Hoffmann*, les deux opéras de Ravel à la Scala, et cette saison 2021-2022 encore avec *La Périchole* aux Champs-Élysées.

Cette amitié avec Laurent Pelly n'est pourtant pas tout ce que je dois à Jean-Pierre Brossmann. Il m'aura en effet permis de travailler plusieurs années avec Felicity Lott et fait l'honneur de nous confier une soirée d'adieu au Châtelet avec sa muse Jessye Norman, qui lui doit une grande partie de sa carrière en France. Ce 27 juin 2006, nous avons partagé avec elle *Les Nuits d'été* de Berlioz, puis notre tout premier opéra, *Dido and Æneas* (avec Felicity Palmer, Philippe Jaroussky, Russell Braun), le genre d'expérience qui vous hante longtemps.

Je dois même à Jean-Pierre Brossmann mes débuts à l'Opéra… de Paris. Hugues Gall était venu à Lyon voir ce terrible *Phaëton*.

Il m'a dit : « Je me suis rasé à *Atys*, je n'ai pas cligné de l'œil à *Phaëton*, venez donc diriger *Idomeneo* de Mozart à la Bastille ! » C'est ainsi qu'en février 1996 je dirigeais pour la première fois un spectacle à l'Opéra de Paris (nous avions déjà donné *Teseo* et *Platée* mais en concert seulement). C'est donc aussi par *Phaëton* que sont venus les autres ouvrages programmés par Hugues Gall : *Platée*, *Ariodante*, *Giulio Cesare*.

Les événements s'enchaînent et, c'est si manifeste avec le recul, le rôle de nos directeurs de théâtre ou de festival aura été déterminant. En plein *Idomeneo*, c'est Gérard Mortier qui m'appelle. Directeur du festival de Salzbourg après le long règne de Karajan, Gérard cherchait Mozart partout. Dans le « grand style » traditionnel avec Bernard Haitink, Gustav Kuhn, Christoph von Dohnányi, Daniel Barenboim ; dans le son « moderne » de Heinz Holliger ou Sylvain Cambreling, dans le renouveau « baroclassique » de Harnoncourt que Karajan avait consciencieusement ignoré. Après *Figaro* par Harnoncourt, voilà qu'il me propose *L'Enlèvement au sérail* pour l'été 1997. Au téléphone je tremblais – de joie ou de peur, je ne sais plus.

Ce projet de Gérard Mortier s'est révélé l'expérience la plus imprudente de ma vie, mais la rencontre avec ce grand monsieur de l'opéra allait tout changer, ça, je l'ai su immédiatement. Songer à un chef totalement inconnu du public salzbourgeois, français, et qui plus est dans Mozart, l'intouchable enfant du pays : quelle incroyable confiance il me montrait ! Venu m'écouter, pour la première fois je pense, dans *L'Inganno felice* de Rossini que nous donnions à Poissy, il me dit alors que c'est exactement ce qu'il cherchait pour *L'Enlèvement* : du neuf, qui ne craint d'affronter ni le texte brut ni le public conservateur.

L'idée était d'abord de profiter d'un lieu spécial. Il y a au moins quatre salles d'opéra à Salzbourg, et je dis bien d'opéra, pas de théâtre ou de concert. C'est une ville unique de ce point de vue. Cependant, aucune ne lui convenait pour ce spectacle. Il leur préféra la cour de la Résidence des archevêques, à quelques pas du Festspielhaus, lieu magique menacé chaque soir par la pluie. L'année précédente, *L'Orfeo* de Monteverdi s'était ainsi noyé sous les orages typiques de l'été salzbourgeois. Gérard venait donc d'y faire installer une bâche mobile, sur laquelle la pluie faisait un boucan terrible. On n'y donne quasi plus de spectacles aujourd'hui, mais nous y sommes restés tout le mois d'août dans une humidité très « sérail » en effet et acoustiquement magique. L'œuvre avait souvent été donnée depuis 1922, mais c'est surtout l'ombre de la production mythique de Giorgio Strehler et Zubin Mehta qui planait sur nos têtes. Afin de mieux se libérer des modèles, Gérard n'était pas seulement allé chercher un jeune inconnu parisien mais aussi un ancien de la Cartoucherie, François Abou Salem, qui avait fondé une compagnie de théâtre en Palestine – pour la communication, on nous a présentés comme Juif et Palestinien, ce que nous ne sommes en fait ni l'un ni l'autre, mais qui s'arrête à ces détails quand le symbole parle tout seul ? François était un personnage mystérieux. Extrêmement sympathique et plein d'idées excitantes, mais pas du tout préparé au mode de travail « lyrique ». *Phaëton* m'avait un peu vacciné contre les « innocents », et les premières répétitions annonçaient un chaos dont les chanteurs n'ont pas tardé à se plaindre.

C'est à cela aussi qu'on reconnaît un grand directeur. Gérard Mortier a entendu la rumeur monter, il est venu voir, a tout de suite compris ce qui ne fonctionnait pas dans la méthode et proposé des solutions concrètes qui se sont avérées justes. Et le jeu en valait la chandelle ! Gérard ne voulait pas jeter aux orties le XVIIIe orientalisant et raffiné de Strehler, mais il pensait que l'œuvre parlait d'autre chose. Que le conflit entre Orient et Occident avait une valeur politique actuelle et une valeur poétique intemporelle. Il voyait donc dans le rôle parlé du Pacha Sélim, non plus un doyen du théâtre allemand, mais un jeune lion du théâtre moyen-oriental. Abou Salem et lui ont alors choisi un magnifique jeune homme palestinien, Akram Tillawi, et le résultat a été bouleversant. Sa beauté à la fois ténébreuse et fragile, son personnage un peu perdu, le fait qu'il avait beaucoup de mal à s'exprimer en allemand... tout cela était en fait très émouvant. Il avait une aura telle que sa prisonnière Christine Schäfer, notre Konstanze, ne pouvait résister à son charme. À la fin, on avait un pincement, parce qu'elle partait avec un ténor très beau lui aussi, mais laissait Sélim presque à regret... Ambiguïté riche et courante, dont nous nous sommes plus tard inspirés avec Jérôme Deschamps en confiant le rôle au danseur et comédien Shahrokh Moshkin Ghalam, peinture persane d'un tout autre style mais également insaisissable...

Malgré l'enfer de la préparation – un confinement avant l'heure, il faisait 35 °C dans le hangar de répétition et personne ne voyait où on allait –, le spectacle a été très bien reçu, nous l'avons repris l'été suivant, et il reste l'un des plus beaux, l'un des plus touchants que j'ai dirigés. Les équipes du festival me le dirent alors, et me le répètent souvent aujourd'hui : c'est l'une des plus belles réussites récemment données à Salzbourg selon eux. Le dispositif très simple fonctionnait à merveille dans la cour du Residenzhof ; les figurants recrutés dans les banlieues nous éloignaient du monde formel de l'opéra sans rompre le charme. Au contraire, la distribution était un miracle d'équilibre entre musique pure et théâtre déluré, l'Osmin de Franz Hawlata était drôle et terrifiant hors de toute convention, l'orchestre du Mozarteum répondait à toutes mes sollicitations, les musiciens

« turcs » réunis autour du flûtiste Kudsi Ergüner enchantaient les dialogues parlés, on ne voyait plus les fracs et les *dirndl*, on ÉTAIT au sérail. Voilà. *Phaëton* devait être féerique, ce fut un four retentissant. *L'Enlèvement* devait suivre *Phaëton*... ça a été un enchantement. Quelles règles voulez-vous tirer ? L'opéra est une matière si vivante, si fragile. Du verre soufflé. Oui, c'est ça, une grande pièce de verre soufflé. On frôle le sublime... et ça casse. On désespère, ça va casser... et c'est sublime !

Les autres productions auxquelles j'ai pris part sous l'œil de Gérard Mortier n'ont d'ailleurs pas atteint ce niveau. Il y a d'abord eu cette fameuse *Chauve-souris* donnée en 2000 dans la Felsenreitschule (le manège des Rochers) qui deviendrait plus tard le lieu de nos exploits avec Bartabas. Je dis « fameuse », car qui était là s'en souviendra toujours. Inoubliable, on peut le dire. Après l'accession de l'extrême-droite au gouvernement autrichien, Gérard avait présenté sa démission avant de la reprendre et de programmer une dernière fois sous la forme d'un coup de pied aux fesses, ou d'un colis piégé. Par devoir et par provocation, il avait retenu trois joyaux du trésor austro-bavarois, le *Figaro* de Mozart, *Ariadne auf Naxos* de Richard Strauss et donc la *Fledermaus* de Johann Strauss. Trois intouchables qu'il voulait toucher, et pas doucement. Des trois, le plus provocateur, et de beaucoup, était notre *Chauve-souris* que le metteur en scène Hans Neuenfels avait transformé en arme létale. Poèmes surréalistes interminables, références continuelles au nazisme, à la Shoah, à la collaboration salzbourgeoise, ajouts de musique enregistrée, suicide en scène des enfants du couple Eisenstein... tout y passait. Dans des costumes somptueux d'ailleurs, d'un raffinement inouï, à son habitude. Le prince Orlofsky était un junkie en pyjama qui sniffait des kilos de cocaïne en hurlant des insanités dans le style Musiktheater des années 1970 ; la grande actrice autrichienne Elisabeth Trissenaar, épouse du metteur en scène, rappelait au public ce qui s'était passé ici un demi-siècle plus tôt… et moi, je devais diriger la partition de Strauss telle quelle, comme si de rien n'était. Pari intenable, en tout cas pour moi qui cherche toujours la cohérence scène-fosse.

J'ai eu plusieurs fois envie d'abandonner, mais, face à ce dilemme auquel un chef est souvent confronté, j'y reviendrai, je suis comme toujours resté, d'abord pour ne pas trahir Gérard Mortier. Il adorait voler dans les plumes des « bourgeois » en demandant ensuite comme un enfant : « Qu'est-ce que j'ai fait ? Pourquoi les gens me détestent-ils ? » C'est ce qui le rendait si attachant et si dangereux.

Aujourd'hui on peut en rire, on peut même admirer : il y a dans ce spectacle quelque chose de si extrême qu'il en devient généreux. Inoubliable, je vous dis. Mais à l'époque, je subissais les huées tous les soirs. Un jour, un spectateur francophone a hurlé « Minko, rentre à la maison ! » ; une autre fois, des mélomanes suisses m'ont dit : « M. Minkowski, on vous adore, mais on vous a sifflé parce que vous êtes un traître : comment avez-vous pu rester dans une telle entreprise ? »

Mortier sentait cela parfaitement. Comme le Dr Frankenstein, sa créature lui avait échappé et se retournait contre lui… à moins que ce ne fût le but, on ne le saura jamais. Il a par la suite désavoué ce que lui-même voyait comme une trahison, et n'a invité Neuenfels, pourtant figure centrale du Regietheater, ni dans la Ruhr, ni à Paris, ni à Madrid. Allez comprendre : la presse française, alors impitoyable avec moi, m'a tressé des lauriers. J'ai même eu droit à une critique dithyrambique dans *Le Monde*, ce qui était pour le moins inattendu.

Mon compagnonnage avec Gérard s'est poursuivi dès son arrivée à tête de la Ruhrtriennale, à Bochum, ville moyenne du Land de Rhénanie-du-Nord-Westphalie. La triennale de Bochum est une grande manifestation confiée à un directeur tous les trois ans et, à peine arrivé, Mortier m'annonce au cours d'un de nos fréquents déjeuners qu'il veut programmer *La Flûte enchantée*. Formidable projet bien sûr, mais qu'il prévoit de faire avec le collectif La Fura dels Baus, un groupe catalan plus connu dans ces années-là pour ses créations de décors de grandes manifestations populaires, parfois sportives, qu'à l'opéra. Techniquement très forte, leur *Damnation de Faust* à Salzbourg avait marqué les esprits. Dès les premiers rendez-vous, leur conception visuelle m'a paru impressionnante, mais la substitution de sentences naïves et poétiques aux dialogues originels assez discutable. Cela a donné un spectacle étrange, à la fois spirituel et un peu vain, qui fonctionnait dans le cadre de cette grande usine désaffectée de Bochum mais aura de la peine à survivre au-delà… j'y reviendrai.

Avec le recul, je crois que Gérard m'a fait confiance sans jamais m'écouter. Ça a été un problème avec beaucoup de grands directeurs pendant ma jeunesse : j'ai été utilisé par eux, en confiance et avec les meilleures intentions du monde. Il y avait toujours une bonne raison de dire oui. J'ai dit non une seule fois à Gérard Mortier, et je le regretterai toute ma vie. Ce qui est sûr, c'est que ce sont ces limites qui m'ont donné envie d'être directeur : faire ce que je voulais, comme je le voulais, avec qui je le voulais. Vision illusoire comme on le verra, mais c'est ce à quoi j'ai aspiré très tôt.

Quand Gérard Mortier a été nommé à l'Opéra de Paris, il m'a fait comprendre que je ferais partie d'un *pool* de chefs, avec Esa-Pekka Salonen, Sylvain Cambreling, Kent Nagano et quelques autres. C'est là que j'ai compris que ma « jeunesse » de chef était terminée. Je n'étais plus « le jeune Marc Minkowski », j'allais être membre d'une équipe, d'une phalange d'artistes confirmés. Il voulait faire *Faust* avec moi et je lui ai fait une contre-proposition. Selon moi, il fallait enfin ressusciter *Les Huguenots* qui n'avaient pas été donnés depuis 1936, une pièce gigantesque qui avait inauguré le Palais Garnier, un chef-d'œuvre. « Ah, vous êtes sûr ? » Sa réaction n'a pas été enthousiaste, c'est le moins qu'on puisse dire. Je ne sais pas d'où venait sa réticence. Il devait juger ce romanesque vulgaire, « bourgeois ». Je me revois lui offrir un enregistrement et le numéro de l'*Avant-Scène Opéra* sur *Les Huguenots*. Je n'ai jamais fait ça avec aucun autre directeur. De mon point de vue, on pouvait tout comprendre de l'œuvre et de son importance dans ce numéro, j'étais très confiant. Sa réponse a été sans appel : « On ne peut pas gâcher l'argent public avec des choses pareilles. » Trop lourd, trop particulier… Découvrir que l'ouvrage que je devrais diriger serait la reprise de *La Flûte* de la Ruhrtriennale a donc été une profonde déception pour moi.

D'abord, Mozart à Bastille, c'est une hérésie, je continue de le penser. Trop grand, trop distant, trop froid. J'en avais fait l'expérience avec *Idomeneo* en 1996. Encore *Idomeneo* est-il un grand opéra choral, une tragédie majestueuse. *La Flûte*, c'est un mélange d'intimité et de hauteur, une féerie comique, un conte philosophique avec des dialogues parlés que Mozart a écrit pour un petit théâtre entre sept cents et mille places. Il y en a presque le triple à Bastille, qui a été conçu pour Berlioz et Wagner, pas du tout pour Mozart. *A fortiori* avec le remplacement des dialogues dramatiques par des textes poétiques que murmuraient dans un micro certains des acteurs les plus emblématiques de Patrice Chéreau. Rien ne marchait, ce spectacle fonctionnait dans le petit hangar industriel de Bochum, il ne marchait plus à Bastille. L'alchimie toujours.

Gérard Mortier a senti ma réticence et notre relation père-fils que *La Chauve-souris* n'avait pas entachée a pris un tour plus amer. Ce qui compte pour moi, ce que je conserve, c'est la rencontre avec ce concepteur, ce visionnaire de l'opéra au XXe siècle. Tous les chefs d'orchestre portent les cicatrices de projets qui les ont blessés, ont été meurtris par la musique, et nous combattons tous la rancune qui ne demande qu'à prendre la place de la générosité. Se voir aussi valorisé et recevoir tant d'hostilité, c'est dur, oui. Ça peut donner le vertige comme les montagnes russes.

Même si je suis né sous le signe de la chance, toutes ces crises ont fini par laisser des traces. Quand on entre en scène comme dans l'arène parce que le spectacle n'a pas trouvé son équilibre et irritera une bonne partie du public, on a beau se dire « pense à la musique ! », ça ne suffit plus. Gérard Mortier m'a fait entrer dans le saint des saints, à Salzbourg, cadeau immense, parmi les plus grands et les plus enrichissants de ma carrière. C'est ce que je veux retenir de lui. Après *La Flûte enchantée*, il m'a proposé *Iphigénie en Tauride*, le chef-d'œuvre de Gluck que j'avais enregistré quelques années auparavant, pour le premier opéra de Krzysztof Warlikowski à Paris. Encore un scandale à la première, repris régulièrement et devenu un classique. Dans une situation difficile, une production qui se passe mal, face à une crise, il m'arrive encore de me demander : « Qu'aurait fait Gérard ? » C'était un homme dense, paradoxal : conceptuel jusqu'au dogmatisme mais aussi pragmatique et concret ; lecteur acharné, et connaisseur de nos métiers, presque mécanicien du théâtre, cultivé comme personne et instinctif comme un chat.

Et c'est aussi à Salzbourg, entre deux *Enlèvements*, que j'ai rencontré Stéphane Lissner, qui venait de quitter le Châtelet pour Aix-en-Provence – où j'avais souvent joué comme bassoniste mais dirigé un seul opéra, *L'Europe galante* de l'Aixois Campra, en version de concert. Stéphane est à l'origine d'une rencontre étonnante, un cas unique dans le compagnonnage avec les metteurs en scène. Aix, c'est un rêve. Ça peut sembler étonnant de la part d'un Français, mais Aix comptait plus pour moi dans ma jeunesse que Salzbourg. J'allais au festival avec mes parents depuis des années. *Hippolyte et Aricie*, l'année de mes vingt ans, avec Jessye Norman et José Van Dam dirigés par Gardiner, mis en scène par Pier Luigi Pizzi, avait été un saisissement. Je connaissais le Théâtre de l'Archevêché avant sa nouvelle version, qui était toute fraîche cette année-là. Stéphane Lissner était pour moi une figure, bien sûr, mais il ne me connaissait pas. Pour le baroque, il n'engageait que William Christie. Et là, dans un restaurant merveilleux au bord d'un lac sur les hauteurs de Salzbourg, il me propose *Le Couronnement de Poppée*, avec Klaus Michael Grüber.

J'étais à la fois flatté et perplexe. Flatté parce que Grüber était l'un des maîtres les plus illustres de la scène allemande. Perplexe parce que rien ne nous destinait ni l'un ni l'autre au théâtre de Monteverdi. Les opéras vénitiens du XVIIe siècle ne sont pas des œuvres de *chef*. Ce sont des dialogues soutenus par un continuo qui marchent généralement mieux avec des « continuistes » comme Alan Curtis, Harnoncourt, Jacobs, enfin des instrumentistes-chanteurs-arrangeurs plutôt que des « baguettes » comme on dit. Enfin, qu'à cela ne tienne, il faut être masochiste pour refuser un tel chef-d'œuvre, et je suis à l'époque envoûté par la production de Jean-Pierre Ponnelle et Harnoncourt filmée à Zurich. C'est décidé, bien sûr : je dis oui.

Klaus Michael Grüber est un autre personnage énigmatique. Disciple de Strehler, pilier de la Schaubühne de Berlin, exilé dans une île française, il a été le clochard des *Amants du Pont-Neuf* de Leos Carax... À l'époque, je ne le connais pas mais il suffit de prononcer son nom et le monde du théâtre change de couleur. Dans mon panthéon, Strehler et Mnouchkine occupent cette place, pas Grüber. Ariane Mnouchkine non seulement à la Cartoucherie mais au cinéma : son *Molière* a dévoré mon adolescence. À cause de Philippe Caubère, qui est devenu le comédien de sa propre vie – et un ami –, je voulais être comédien moi aussi, et c'est pour moi le roi en la matière. Je savais que Grüber incarnait un théâtre entre deux mondes, à la frontière qui sépare l'esprit français et la gravité germanique, rien de plus.

Je me dis que l'expérience vaut le voyage, mais j'y vais sans faire partie du cercle, hors de toute vénération. Et donc, je ne vais pas tarder à m'en apercevoir, avec un handicap certain. Lissner le traite comme un pape, comme un dieu, le soutient dans tous les conflits de manière inconditionnelle. L'expérience tourne donc vite à l'affrontement. Très dur, très pénible. Des éclairs, des trombes de poésie, des lois, des anathèmes. J'ai l'impression de ne rien comprendre, d'être dans une secte dont le gourou inatteignable fait ce qu'il veut, tout ce qu'il veut, rien que ce qu'il veut. Je deviens le mauvais fils, l'enfant malheureux.

Je sais que l'œuvre est longue, trop longue pour un spectacle qui commence après neuf heures du soir, et je propose donc quelques coupes. Couper ne va jamais sans regret, c'est un crève-cœur, mais souvent une nécessité d'ailleurs pas nouvelle du tout. En bon « baroqueux » que je ne suis qu'à moitié mais que je suis en l'espèce, ce n'est, quoi qu'il en soit, pas ce que je préfère. Le chef n'a pas seulement pour mission de coordonner les instrumentistes et les chanteurs, il a aussi la responsabilité d'un texte, d'une œuvre, plus sacrée que l'ego de ses interprètes. Parfois on coupe par respect (si vous saviez ce que coupaient des compositeurs aussi maniaques que Rameau ou Offenbach !). Parfois c'est une trahison. Souvent ni l'un ni l'autre. Évidemment, c'est un miracle si le chef et le metteur en scène s'accordent tout de suite. Avec Klaus Michael, le sujet est devenu une déclaration de guerre. Je le prenais pour un saboteur égocentrique ; il me voyait comme le dévot d'un culte absurde.

Tout avait plutôt bien commencé. J'avais envoyé à l'avance un enregistrement comportant « mes » coupes dont Grüber s'était accommodé sans commentaire. Puis est venu le temps des répétitions. Nous nous rencontrons à Aix à quelques semaines de la première, nous commençons à discuter, et, chaque jour, il me demande de couper un peu plus, jusqu'à supprimer le rôle de chanteurs présents dans la salle – personnages secondaires certes, comme la nourrice de l'impératrice Octavie, mais liés au drame et dotés de répliques somptueuses. J'adore changer jusqu'au dernier moment dans l'intérêt d'un spectacle, malgré le stress, malgré la frustration que cela peut engendrer. Mais tout dans la vie est une question de proportions. Trop, c'est trop : je me raidissais, et Stéphane Lissner ne voyait que cela dans mon attitude : de la raideur. Il avait tort… et raison. J'étais pris au piège.

Klaus était mutique, elliptique. Lacanien en quelque sorte. Anne Sofie von Otter chantait Néron et Mireille Delunsch, Poppée. Mireille aimait cette direction sibylline, un mot, une image lui suffisait : toucher le feu, danse de mort… J'ai vu le démiurge fixer le plateau avec des yeux d'aigle en envoyant des ondes d'une intensité incroyable presque sans rien dire ; et j'ai appris beaucoup. Par exemple, il y a cette scène avec un petit chœur, l'intronisation de Poppée par le Sénat. Lui fuyait ce décorum. Il ne s'intéressait qu'aux personnes – j'ose à peine dire aux personnages –, recherchait l'intimité. Il n'avait qu'une hâte, c'était d'arriver au duo final, ce moment suspendu hors du temps, hors du drame, hors même de la situation : le triomphe du sexe et du pouvoir. Ce n'est probablement même pas une pièce de Monteverdi ; une simple chaconne sur quatre notes pleine de frottements harmoniques délicieux. Il ne voulait pas qu'on se frotte, tout juste qu'on se frôle. Il croyait à l'errance plus qu'aux voyages, et à la perte plus qu'à l'abandon.

Cet homme qui travaillait dans le dépouillement avait reçu de Giorgio Strehler, au Piccolo Teatro, les règles et la pureté de la commedia dell'arte – à mille lieues pourtant de son propre univers, charnel, austère et grave. Je me souviendrai toujours de la manière dont il a fini par obtenir ce qu'il voulait dans la scène des deux soldats qui veillent devant le balcon de Poppée. Les deux soudards tiennent des propos informatifs, mais drôles, moment shakespearien en quelque sorte : le petit peuple qui devise sur le destin des empereurs. Grüber a rompu avec ses habitudes, est monté sur la scène et a commencé à mimer des expressions dans le style du clown triste qu'il était – le clochard magnifique que Carax lui avait fait jouer dans ses *Amants*. Et donc là, sur la scène de l'Archevêché où on le voyait mimer ces personnages de commedia dell'arte, à l'instant où Néron s'approche et où les soldats doivent se cacher, le mage ne prononça qu'un mot, avec son fort accent, en criant presque : « CAMOUFLAGE ! » On rejoue la scène : les deux chanteurs avaient compris exactement ce que signifiait « camouflage ».

Grüber était hypersensible aux lieux, aux sons, aux lumières, au moindre détail. Il entre un jour dans un studio de répétition, pendant une « musicale », avant le travail scénique. Tout le monde est impressionné, puis inquiet de le voir sortir au bout de dix minutes, alors qu'on avait encore deux heures de travail devant nous. Je lui demande à la pause :

« Pourquoi tu es parti ?

— Je vais te dire une chose, Marc, cet instrument, le clavecin, là, c'est ça, c'est insupportable. »

Et puis il s'interrompt brutalement.

« Klaus, oui, ici en studio le clavecin sonne fort, mais, dans la fosse de l'Archevêché, en plein air, il y en aura deux, avec cinq luths, et on les entendra à peine. »

J'ai vu ses yeux très inquiets. Je sentais que mon tempérament, mon désir d'une certaine profusion sonore dans cette œuvre longue et sans orchestre ne rencontreraient pas facilement son désir à lui : le presque rien, la nudité, l'absence.

J'ai eu gain de cause une fois. Fortune, Vertu, Amour : deux allégories, un dieu… C'était trop pour lui. Il me dit d'un coup au milieu d'une répétition : « C'est impossible, ce prologue, quel ennui, il faut l'enlever. » Je proteste : « Écoute, c'est fondamental, c'est court, c'est une clef dans la serrure de l'ouvrage. » On a essayé, il a quitté la salle, pour finalement consentir à laisser chanter ces trois « grâces » vêtues en ouvreuses du festival, dans leurs robes dessinées par Issey Miyake à l'époque. Elles ne bougeaient pas, il n'écoutait pas, et dès ce moment initial un génie particulier planait sur le spectacle. Un alliage détonant d'orgueil et d'humilité qui jetait le public dans un silence lui aussi particulier.

De la même façon, il ne supportait pas la scène magnifique où l'Amour moralise au sujet du comportement de Poppée : il ne voulait pas entendre ces lignes alors que c'est un pivot entre ce qu'il y a avant et après la si tendre et si fameuse berceuse d'Arnalta… « Je sortirai à chaque fois, c'est mon assistante qui fera », avait-il dit. Et ici encore, c'est ce qui s'est passé.

J'ai en revanche échoué à sauver l'autre nourrice. Il se trouve que Poppée et Octavie ont chacune une nourrice, comme très souvent dans ces opéras vénitiens du XVIIe siècle. La nourrice de Poppée est une star, Arnalta, chantée par un homme, en l'occurrence le formidable Jean-Paul Fouchécourt. C'est à la fois une caricature et un « bon sens » de tous les jours, une nourrice ambitieuse qui philosophe, voit tout, devine tout… Mais, Octavie, l'impératrice déchue, est aussi flanquée d'une nourrice, moins drôle qu'Arnalta mais aussi importante. Klaus m'explique au cours d'un déjeuner : « Marc, je dois te dire, Octavie doit être SEULE. » Il me le dit à la façon de son « Camouflage » : ça ne s'explique pas, c'est comme ça. Il ne me demande pas : « Pourrait-on envisager de couper Nutrice ? » Non. Le rôle de Nutrice a disparu.

Les costumes de Rudy Sabounghi, très proches du corps, très mystérieux, avaient aussi été imaginés par Grüber. Il voulait des personnages peu incarnés, emmaillotés dans des langes, des linceuls, avant ou après la vie terrestre. Des acteurs qui *font* sans se forcer à être, sans imposer au public ce qu'ils *sont* ou croient être. En répétition « scène-orchestre » – ce moment où l'on assemble enfin les instruments et les chanteurs, où l'on travaille les places, les postures, les enchaînements, etc. –, je m'adressais aux interprètes en termes d'*expression*, qui est au cœur du *parlar cantando* vénitien. Klaus craignait l'expressivité comme la peste. Comme un viol, pourrait-on dire. Ce déséquilibre entre nous ne facilitait la vie de personne mais créait une atmosphère énigmatique, dure, pesante.

Ce *Couronnement de Poppée* a été très controversé mais je dois à l'honnêteté de le reconnaître : j'ai eu la surprise, quand je l'ai vu filmé, de me dire : « Quelle beauté, quelle pureté, quelle fluidité ! Les personnages volent plus qu'ils ne marchent. » Je l'ai compris après. Pendant, je souffrais trop pour admirer. Aujourd'hui, c'est un souvenir très présent. Une sorte de miracle, oui.

J'ai parlé d'un projet de Gérard Mortier que j'avais refusé, la reprise de l'*Orfeo* de Gluck, chorégraphié par Pina Bausch. J'étais en fait dans une espèce de crise d'adolescence avec Gérard : Gluck, c'était mon langage, c'était ma vie, mes débuts avec *Alceste* pour la compagnie de Lina Lalandi en 1989. Je ne voyais pas l'intérêt de diriger un opéra que j'adore en traduction allemande, coupé, revu et corrigé dans une perspective « noire » comme aimaient les romantiques. Quand je vois le spectacle en question en vidéo, je dis non, je refuse de diriger cette production à l'Opéra de Paris, alors que je suis censé faire partie de « l'équipe ». Je n'avais encore jamais dit non à Gérard, qui a dû voir dans ce geste un peu d'arrogance et de raideur. J'ai donc vu le spectacle depuis la salle, ému aux larmes, regrettant de ne pas avoir accepté qu'il y ait un « autre » *Orfeo*. Aujourd'hui, je crois m'adapter plus facilement, en tout cas monter au front avec moins de préjugés. Je garde toujours le souci du texte, du style, de l'auteur. Mais si la vision est profonde et le travail cohérent, ce respect autorise beaucoup de liberté.

Toutes ces productions difficiles, même *L'Enlèvement* et *Poppée*, se sont révélées importantes. Elles m'ont fait grandir, je leur suis redevable. J'espère que c'est la même chose pour le public…

Cela dit, l'expérience, aussi enrichissante soit-elle, ne se confond pas avec la vie. La vie ne se résume pas à une suite de chocs. C'est un champ qui se laboure sans cesse. Ce sont des unions pour le meilleur, pour le pire et pour toujours. Des amours fécondes. J'ai parlé de Laurent Pelly bien sûr, je dois évoquer aussi Olivier Py. Une telle proximité est si rare, si nourrissante. Nous nous suivions de loin mais ne nous sommes finalement trouvés qu'en 2007, lorsque nous avons monté à Moscou le premier *Pelléas* jamais représenté en Russie. Ensuite, avec Olivier, nous avons fait *Les Huguenots* à Bruxelles, *Alceste* à Paris, *Roméo et Juliette* à Amsterdam, *Hamlet* à Vienne, *Idomeneo* à Aix, *Manon* à Bordeaux et à l'Opéra-Comique, le *Vaisseau fantôme* de nouveau au Theater an der Wien. C'est vraiment une aventure commune, une entente. Je suis toujours transporté par le travail fusionnel et complémentaire d'Olivier Py et de son scénographe costumier Pierre-André Weitz, que je vois comme deux frères. Ils ne se noient pas dans l'exégèse ou la vidéo : ils vivent le théâtre lyrique comme moi – classiques à l'état sauvage si vous voulez. Pour mes chers *Huguenots,* jadis refusés par Gérard Mortier, Olivier a conçu un spectacle modèle par son respect, son inventivité, sa maîtrise du langage symbolique, sa capacité à montrer les choses telles qu'elles sont, naturelles. Et son souffle, si nécessaire à des ouvrages de cette dimension.

Ces dernières années, avec Vincent Huguet, nos *Voyages de Don Quichotte* et nos *Contes d'Hoffmann* ont aussi été de grandes joies – ensemble, solidement ensemble. Ce fut également le cas du *Robert le Diable*, avec le très jeune et très prometteur Luc Birraux. Travailler avec des metteurs en scène de la nouvelle génération est très important pour moi. Je tenais à ces productions qui ancraient mon travail à Bordeaux. Avec *La Vie parisienne*, ce sont donc trois ouvertures de saison que nous avons portées de concert Vincent et moi. Simplicité, harmonie. Toujours la vie.

6

DES RACINES ET DES VILLES

Vienne est d'abord la ville où ma mère est née et les circonstances de sa naissance ont toujours été un sujet délicat, presque tabou. Ma grand-mère s'était rendue dans la capitale impériale pour y rejoindre son amant, Edgar Kraus, homme d'affaires tchèque et globe-trotter qui résidait fréquemment à Vienne avec sa famille, c'est ce que j'ai compris à la lecture de leur correspondance, reçue de ma mère. Après quelques années de recherches, j'ai découvert que son lieu de naissance, le sanatorium Fürst, était un endroit très particulier.

L'institution recevait toute une élite autrichienne, les Klimt entre autres, et était tenue par un grand médecin juif, M. Fürst. Si j'ai bien compris ce que j'ai pu lire en allemand, quand les nazis sont arrivés à Vienne, ils ont réquisitionné l'hôpital – ils en ont peut-être même fait un quartier général pour une partie de la ville. Longtemps après la guerre, c'est l'un des bâtiments importants que l'État autrichien a restitués aux descendants. Les nazis ont abattu le docteur Fürst dans la rue, juste en bas. Puis l'immeuble est devenu un bâtiment de l'ambassade des États-Unis. C'est assez étonnant de penser que ma mère, Américaine d'origine viennoise, a vu le jour ici. J'aime faire ces recherches en marge des tournées. J'ai ainsi retrouvé l'appartement familial, tout à côté du Rathaus (l'hôtel de ville), où résidaient mes ancêtres Kraus depuis l'époque où ils dirigeaient une petite usine de tracteurs visiblement révolutionnaires…

Chaque fois que je retourne à Vienne, je pense à ce que pouvait être leur vie de famille dans les années 1920 – ma mère est née en 1924. Ce grand-père homme d'affaires et violoncelliste amateur a vécu une grande histoire d'amour avec ma grand-mère, violoniste virtuose. Victime d'une chute en montagne au cours d'une course dans le massif du Mont-Blanc, elle avait dû interrompre sa carrière. Ils vivaient dans un bain musical assez intense. Le *press book* des grandes années d'Edith Wade témoigne de cette réalité avant leur rencontre et je suis pris d'une immense émotion quand je parcours ses pages.

Ma mère, cependant, n'aura vécu que quelques années à Vienne avant de rejoindre la France, puis New York et Genève. Elle n'aura jamais connu son père : la liaison entre mon grand-père Kraus et ma grand-mère s'est nouée à Genève, puis à Vienne, mais aura duré peu de temps. L'état-civil de ma mère porte la trace de cette histoire complexe puisqu'elle s'appelait « Wade dite Kraus » selon son livret de famille. Quoi qu'il en soit j'ai grandi, comme mes frères Nicolas et Antoine, dans l'ignorance de qui était vraiment ce grand-père. Chaque fois que ma mère Anne abordait le sujet avec Edith, ma grand-mère, celle-ci en venait aux larmes. J'étais habité d'une envie irrépressible de mieux comprendre ces origines, au milieu de toutes les autres, d'où ces longues recherches. J'ai alors découvert que mon grand-père avait résidé à Paris, qu'un jour ma mère avait failli le rencontrer, lui avait parlé au téléphone, et n'avait même pas eu le courage de terminer la conversation, finissant par un piteux : « Excusez-moi, j'ai fait un faux numéro. » Chose incroyable, j'ai trouvé sa sépulture au cimetière de Bagneux, à quelques mètres de mes grands-parents Minkowski ! Personne ne le savait enterré là. Moment spécial, j'y ai emmené ma mère, il y a quelques années, lui disant : « Écoute, tu ne l'as jamais vu, mais je sais où est sa tombe. » J'ai même réussi, grâce à la mention du nom Kraus sur le livret de famille de ma mère, à la faire reconnaître comme sa fille par le service des sépultures de la Ville de Paris, et donc moi-même comme son petit-fils, obtenant par là le droit d'entretenir le caveau.

Y a-t-il d'autres descendants ? Il faudrait consulter un généalogiste… Il semble que M. Kraus fût aussi le beau-père d'une artiste sculpteur disciple d'Antoine Bourdelle qui a eu une certaine notoriété, Guitou Knoop. J'ai rencontré quelqu'un qui avait connu cette artiste et retrouvé l'adresse de mon grand-père Kraus quand il venait à Paris. Un autre membre de la famille partage cet intérêt pour nos racines : mon cousin Philip Winston Wade, qui vient de publier ses Mémoires à compte d'auteur sous le titre *Mémoires du vent*. Nous sommes apparemment les seuls. Son père, mon oncle, haut fonctionnaire à l'Unesco, travaillait à quelques encablures de la résidence parisienne de mon grand-père, qu'il n'avait jamais vu non plus, ou très peu. Mystères début de siècle : les parents ne pensaient pas au vertige qu'entraînerait ce « vide juridique », cette disparition administrative. Les familles sont plus petites aujourd'hui, l'angoisse du lien rompu plus prégnante. Nous voulons savoir. Le monde a si peur de *demain* qu'il abandonne *hier*, et transforme cette simple notion en besoin.

Mon arrière-grand-père maternel, Robert Bailey Wade, avait divorcé, fait suffisamment rare à New York à l'époque pour motiver un départ en Europe afin d'étouffer l'affaire. Grand-père Wade descendait d'une famille d'amiraux anglais. La famille d'origine s'appelait Scriven et il y a – découverts dans les archives de ma grand-mère – des ancêtres Scriven enterrés à Stratford-upon-Avon. Pour être précis : dans l'église de Stratford, deux plaques *memorial* sont dédiées à la famille, à quelques mètres de la sépulture de Shakespeare. Je m'y suis rendu il y a très peu de temps lors d'un voyage sur place, notamment pour aller voir mes fameux chevaux du Cumbria, et c'est très émouvant d'être témoin de ces racines-là dans ce lieu mythique. Shakespeare… notre père à tous, nous qui racontons des histoires sur une scène ! Je me sens donc un peu anglais. Une fois aux États-Unis, par un jeu de mariages successifs, les Scriven devinrent Wade et se sont liés à la famille Clark, grands collectionneurs américains de peinture. Si l'on trouve un évêque épiscopalien de New York parmi mes arrière-grands-oncles Scriven, chez les Clark, on compte un illustre cavalier, des industriels… Ce sont des cousins de la famille Singer, et l'un d'entre eux fit construire à New York un bâtiment mythique, le Dakota Building, en face de Central Park, qui deviendra un lieu de résidence des politiques, des notables, des artistes, et dans lequel ma grand-mère résidera longtemps.

C'est dans ce building que Roman Polanski tournera les extérieurs de *Rosemary's Baby*, c'est là qu'habite encore aujourd'hui Yoko Ono et qu'habitait son mari John Lennon – assassiné dans la rue, devant la haute porte « gothique ». C'est là que vivaient la famille Steinway, Boris Karloff, Lauren Bacall, Rudolf Nureev, Leonard et Felicia Bernstein… J'ai pénétré pour la première fois dans ce bâtiment il y a quelques mois. Il est difficilement accessible si vous n'êtes pas invité par un résident, mais il me semble avoir localisé l'appartement qu'occupait ma grand-mère. C'est un lieu incroyable, hors du temps, comme un élégant fantôme néo-élisabéthain qui refuserait de céder la place aux tours modernes qui l'assiègent. Un jour, j'aimerais rendre hommage à ce bâtiment dans un ouvrage lyrique ou un *musical*… N'en disons pas plus.

Au début du XXe siècle ou à la toute fin du XIXe, mon arrière-grand-père émigre donc en France, puis en Suisse, à Genève. Il cherchait visiblement un endroit où l'on pouvait parler le français raffiné qu'il souhaitait transmettre à leurs enfants. Ma grand-mère reviendra à New York par la suite, après Paris et Vienne, mais c'est à Genève qu'elle terminera sa vie et qu'elle repose. À Genève, elle était étudiante au conservatoire dans la classe d'Henri Marteau – j'ai récupéré sa « médaille de virtuosité » –, puis elle étudiera avec Fritz Kreisler à Berlin ainsi qu'auprès de Georges Enesco à Paris, dont elle sera une disciple favorite. Elle aura donc connu elle aussi, brièvement, le frisson de la scène. C'était pourtant une grand-mère protectrice, un rien collet-monté, très XIXe dans l'esprit.

Nous parlions peu de musique. Quand j'ai commencé l'orchestre à l'École alsacienne, je crois qu'il ne lui restait qu'un an à vivre, c'était une très vieille dame. Mais il y avait beaucoup de tendresse entre nous : je chéris une rare photographie où je suis sur ses genoux... C'était quelqu'un de très important pour moi. Je me souviens d'avoir regardé à la télévision, dans son appartement genevois, les funérailles de Stravinsky en direct. J'ai toujours avec moi, reçu de Philip Wade, son incroyable et imposant poste de radio Grundig de 1955, modèle USA, dont le son dépasse, même en mono, tout ce que j'ai pu entendre. C'est un peu comme si elle me faisait écouter de la musique elle-même. Elle était liée par une grand amitié au ténor suisse Hugues Cuénod, que j'ai par la suite souvent rencontré et qui était à lui seul une mémoire musicale du XXe siècle. Il avait créé le *Rake's Progress* à Venise, travaillé avec le compositeur Frank Martin, avec Mary Garden, la première Mélisande, avec Nadia Boulanger surtout. Grand ami, d'une liberté aussi complète que sa douceur, lui qui fut le premier pacsé homosexuel romand, à l'âge de cent cinq ans. Il disait de sa voix qu'elle était « blanche », mais lui était haut en couleur.

Revenons à Vienne, ville d'un de mes premiers engagements comme bassoniste hors de France. J'ai été en quelque sorte adopté par le flûtiste à bec René Clemencic, à la fois pionnier de la musique ancienne et compositeur – par exemple de la bande-son du *Molière* de Mnouchkine. Clemencic, qui vient de s'éteindre, avait siégé dans le jury d'un concours international à Bruges où un quatuor dont je faisais partie, uniquement composé de très fortes personnalités outre moi-même, Hugo Reyne, Sébastien Marq et Pierre Hantaï, avait décroché le premier prix, une première pour un ensemble de musique de chambre dans l'histoire de cette compétition. Nous sommes tous devenus chefs d'orchestre depuis, et les deux années d'exercice de ce quatuor pendant lesquelles nous avons sillonné la Belgique et la France m'ont donné le goût et la connaissance de la vie réelle d'un chambriste, expérience irremplaçable. René Clemencic avait pris mes coordonnées et m'a tout de suite invité dans son ensemble. En 1984, me voilà donc à Vienne, capitale de la musique.

L'orchestre formé pour l'occasion comprenait des musiciens hors pair : quelques membres du Concentus Musicus, idoles que je pouvais enfin approcher, ou Fabio Biondi, devenu le grand violoniste et chef que l'on sait et qui est aussitôt devenu un ami – il participera aux premières productions des Musiciens du Louvre. Avec René Clemencic, nous jouions souvent dans la petite salle, la « salle Brahms », du Musikverein. Entrer dans ce bâtiment, alors que je n'étais qu'un gamin, m'impressionnait beaucoup. Je me souviens aussi être entré au Staatsoper pour la première fois de ma vie. À l'affiche : *Le Voyage à Reims*, dirigé par Claudio Abbado, mis en scène par Luca Ronconi, avec Montserrat Caballé, Ruggero Raimondi, Cecilia Gasdia, Lella Cuberli, Chris Merritt, Lucia Valentini-Terrani… Un ouragan. Je crois qu'en un soir j'ai appris tout *mon* Rossini.

À ces débuts succéda une période formidable où Les Musiciens du Louvre ont été comme adoptés par le Konzerthaus. Dans cette ville, les salles se touchent presque, on se rend de l'une à l'autre à pied en cinq minutes. Le Konzerthaus est un auditorium moins prestigieux que le Musikverein parce qu'on n'y filme pas le *Concert du nouvel an* pour la planète entière. Il n'en reste pas moins une salle magnifique. L'un de ses directeurs, Bernhard Kerres, m'a ensuite fait une confiance absolue et confié des projets importants : l'intégrale des symphonies londoniennes de Haydn, celle des symphonies de Schubert, *Giulio Cesare* de Haendel (c'est là que nous avons enregistré toutes ces œuvres, en concert). Une *Neuvième* de Beethoven pour le nouvel an justement. Mais aussi la *Cendrillon* de Massenet et bien d'autres merveilles – l'*Eroica* de Beethoven avec les Wiener Philharmoniker, par exemple.

C'est à partir de ces années que j'ai régulièrement été accueilli au Theater an der Wien. L'histoire a commencé en plein été quand j'ai dû remplacer un confrère souffrant pour une soirée Beethoven. Ensuite, on m'a confié plusieurs spectacles décisifs : *Hamlet* d'Ambroise Thomas avec Olivier Py et Stéphane Degout, *Les Noces de Figaro*, le *Vaisseau fantôme*, *Fidelio* qui avait été créé dans ces murs, un programme Wagner tel que le compositeur l'avait conçu lui-même pour le lieu… Pas le genre de répertoire que les Viennois attendent spontanément d'un chef français.

Et puis Vienne entretient la fameuse École espagnole d'équitation devant laquelle je suis passé des centaines de fois, prenant de nombreuses photos, pour finalement n'y entrer que pendant que je préparais nos spectacles équestres avec Bartabas pour Salzbourg. Nous avions même envisagé, avec la directrice de l'école, plusieurs coproductions qui ne se sont pas réalisées. J'assistais ainsi à des démonstrations de haute école, avec les fameux Lipizzans d'un niveau éblouissant quoique d'un académisme un petit peu… académique. Le paradis du cheval quoi qu'il en soit, dans un lieu chargé de souvenirs très présents.

Vienne, c'est donc d'abord une histoire de fidélité. J'y ai dirigé mon propre ensemble, mais aussi les trois principaux orchestres de la capitale. Quand Dominique Meyer est arrivé à la direction du Staatsoper, lui qui fut toujours un champion de l'opéra baroque et qui m'avait programmé au Théâtre des Champs-Élysées quand il le dirigeait… j'ai su que ce serait une chance extraordinaire. Ce fut le cas puisqu'il m'a proposé rapidement de venir diriger *Alcina*, dans ce saint des saints, avec Les Musiciens du Louvre dans la fosse et Adrian Noble à la mise en scène. Comment était-ce possible ? « Staatsoper Orchester » est le nom d'emprunt des Wiener Philharmoniker, dont le théâtre est le berceau historique. Dominique Meyer avait préparé son coup puisque les Philharmoniker devaient partir en tournée au Japon. Comme la plupart des grands orchestres, ils disposent d'un double effectif, mais ils avaient également des séries prévues au Musikverein pendant la même période. Les Musiciens du Louvre sont donc le premier orchestre à avoir été invité à donner une série complète dans l'histoire de ce temple.

Vienne est une ville étonnante. La musique est réellement un sujet d'actualité et de conversation quotidien. Stefan Zweig le décrit dans son *Monde d'hier* et ça n'a pas tellement changé. Comment le public viennois, qui n'a jamais entendu d'autre orchestre dans ce théâtre que les insurpassables Philharmoniker, accueillerait-il nos crincrins (on disait comme ça quand j'étais petit) ? « Des instruments anciens au Staatsoper, impossible. »

En fait, l'acoustique des lieux mérite sa réputation d'« exceptionnelle », et Les Musiciens du Louvre avaient l'habitude, depuis le Palais Garnier, de se produire dans les plus grandes salles, que nous réussissions à « remplir » en nous concentrant sur l'attaque et la résonance du son, en compensant la délicatesse des cordes en boyau par l'énergie et la dextérité… Si bien que cette *Alcina* a surpris le public. Il attendait un fond sonore, nous lui avons donné un Haendel lyrique et large, avec délicatesse, j'espère, mais sans parcimonie. Ce qui a encouragé Dominique Meyer à poursuivre. Après *Alcina*, nous avons présenté la rare *Armide* de Gluck, avec Gaëlle Arquez, Stanislas de Barbeyrac, et Ivan Alexandre à la mise en scène, qui faisaient tous leurs débuts *in loco*. Et nous avons repris *Alcina* – sans la grandiose Anja Harteros qui avait créé le spectacle d'Adrian Noble en 2010.

C'est encore à Vienne que j'ai le plus souvent écouté Nikolaus Harnoncourt. Pendant toutes les années où je me suis rendu là-bas, je l'ai beaucoup vu diriger. Une *Armida* de Haydn avec Cecilia Bartoli, en particulier, me laisse un souvenir volcanique. Tout récemment, je me suis rendu au concert donné aussitôt après sa mort, le Concentus jouait avec un jeune chef, parfois sans chef, avec l'Arnold Schoenberg Chor, partenaire d'Harnoncourt depuis plusieurs décennies… Le chœur de Bruckner *a cappella* a été une émotion terrible, comme si Nikolaus était encore là. Nous étions nombreux à l'avoir côtoyé longtemps. Cela donnait à cet hommage une couleur presque familiale, dans un Musikverein comble et silencieux, là même où Harnoncourt avait sa propre série de concerts. Je savais lui devoir beaucoup, mais cet adieu me l'a rappelé avec une force que je n'attendais pas. Il ne restait qu'un mot à dire : merci.

Au contraire de Vienne, New York est pour moi un lieu de passage, depuis que je suis allé étudier auprès de Charles Bruck dans le Maine. Ma mère, en revanche, y a vécu de longues périodes, justement au Dakota Building. Elle y a rencontré de nombreuses fois Nadia Boulanger, car celle-ci était très proche de ma grand-mère Edith. Je n'ai jamais eu le temps de m'y arrêter longuement et n'y ai jusqu'à présent dirigé qu'une fois, à la Juilliard School, dans le cadre d'une tournée des Musiciens du

Louvre. Il y a trois ans, j'ai passé une petite semaine à New York, l'année dernière encore, j'y ai fait deux séjours, et j'ai eu l'impression curieuse d'être un peu chez moi… Oui, à New York, moi qui suis un enfant de Paris : dans cette ruche verticale où tout devrait me paraître étranger, voire hostile, je sens d'autres racines. Et comment ne pas chérir le Lincoln Center, où se dresse, majestueux, le Metropolitan Opera, réussite totale dans le genre énorme que nous, Parisiens, nous épuisons à imiter, sans succès.

Plus j'avance en âge, plus il me devient urgent de communier avec des grands-parents et arrière-grands-parents que j'ai à peine connus, ou pas du tout, par ce moyen : retrouver les appartements, les maisons, les jardins, les routes. Suivre les traces.

Mon grand-père Kraus a eu une vie mouvementée, géographiquement – comme ma grand-mère, comme moi, finalement. Né à Prague, il a vécu dans des pays, des villes toujours nouvelles. Je pensais à lui comme s'il allait entrer dans une loge d'avant-scène quand j'ai dirigé *La Clémence de Titus* au Théâtre des États, à Prague, là même où la pièce a été créée. Une plaque y indique : « Ici se tenait Mozart pour la création de *La Clémence de Titus* et de *Don Giovanni.* » La force des lieux ! J'ai rencontré à cette occasion le conservateur du Musée juif de Prague, qui s'appelait Kraus comme lui. Ce conservateur m'a expliqué qu'il pouvait très bien s'agir d'un juif converti et il m'a emmené visiter la synagogue. « Voyez, me dit-il, Lorenzo Da Ponte est venu prier ici, et Mozart l'a accompagné, parce que Da Ponte devait se souvenir parfois que, tout abbé qu'il se prétendait, il était né juif sous le nom de Conegliano et ne se prénommait pas Lorenzo mais Emanuele. » La diversité de mes origines religieuses est aussi étonnante, confuse mais nourrissante. Les Wade étaient une famille épiscopalienne, il s'agissait donc de protestants très durs, jusqu'à ce que ma grand-mère Edith se convertisse au catholicisme, par conviction. Elle le fit en cachette d'une famille qui aurait pu prendre ça très mal. Protestant, catholique, juif par les Kraus et les Minkowski. Quant à moi, je m'intéresse depuis à d'autres spiritualités.

Voilà qui nous emmène… à Varsovie, ville qui m'aura hanté un long moment. Un remarquable cinéaste franco-polonais, Rafael Lewandowski, s'est tellement identifié à mon récit qu'il en a fait un documentaire : *Minkowski Saga*. Le film s'ouvre sur une photo de famille où figure mon bisaïeul August Minkowski, banquier de Varsovie qui possédait entre autres une résidence secondaire que je suis allé voir, dans les environs de la capitale polonaise. Il était aussi actif à Saint-Pétersbourg, ville natale de mon grand-père. Hermann Minkowski, auteur du théorème des équivalences bien connu des étudiants en mathématiques et dont parle Nabokov dans *Ada*, était un cousin d'August, tandis qu'Oskar Minkowski, autre cousin, découvrit une anémie fréquente qui porte son nom et celui de son confrère Anatole Chauffard. C'était une famille assez brillante dans les sciences, la médecine.

Polonais actif en Russie, August donne naissance à quatre fils : mon grand-père, Eugène (Eugeniusz), psychiatre dont j'ai déjà parlé ; son frère, Mieczysław – oncle Michel pour nous –, neurologue, qui émigrera avec Eugène à Zurich au début du XXe siècle pour poursuivre ses études ; Anatol, le militaire ; et Pavel, le diplomate. Ces quatre frères vont vivre sous le même toit pendant un bon moment et deux d'entre eux – le militaire et le diplomate – se convertiront au catholicisme, comme l'exigeait l'administration polonaise. C'est cela qui a intéressé ce réalisateur. Les Minkowski étaient un modèle de famille dite « assimilée ». On pouvait vivre avec des religions différentes sous le même toit. Ces quatre ancêtres ont eu un destin intéressant. Mieczysław s'est installé à Zurich pour faire ses études de neurologie et restera toute sa vie là-bas – ses descendants vivent encore à Berne. Eugène, mon grand-père, fera ses études dans la fameuse institution psychiatrique zurichoise, le Burghölzli, comme disciple du docteur Eugen Bleuler, le premier à avoir caractérisé la schizophrénie et l'autisme. Attiré par la France, il viendra s'y installer avant 1914 et combattra à Verdun dans l'armée française. C'est cependant à Zurich qu'il avait rencontré ma grand-mère, qui y était étudiante comme lui, devenue en l'épousant Françoise Minkowska, née à Kazan et d'origine tatare, spécialiste des tests de Rorschach et de la psychologie de Van Gogh. Leur vie sera dédiée à la psychiatrie : leurs nombreux écrits sont encore étudiés aujourd'hui, et plusieurs centres ou services hospitaliers, à Paris comme à Genève, portent leur nom.

Anatol, quant à lui, combattra sous les ordres du général Piłsudski, sans doute le plus important officier polonais de la Seconde Guerre, et ne reviendra jamais à Varsovie. Certaines sources indiquent qu'il aurait été l'une des victimes du massacre de Katyń. Sa famille a émigré à Baltimore, où ses descendants vivent encore. J'ai rencontré l'un d'entre eux installé au Royaume-Uni, Christopher Minkowski, devenu professeur de sanskrit à Oxford. En tant que diplomate, Pavel fera partie de ceux qui transporteront les trésors du gouvernement polonais en Suisse pour les mettre à l'abri à Berne quand les nazis approcheront de Varsovie : des éditions originales de Gutenberg, les œuvres des collections nationales…

Après avoir rencontré un arrière-petit-fils de Pavel, mon cousin l'avocat Markus Heeb, nous avons essayé de récupérer un terrain familial à Varsovie. La procédure est en cours depuis des années et sans doute vouée à l'échec maintenant. Cette parcelle de 3 000 m^2 située sur la fameuse Ulica Marszałkowska fait partie d'un pâté de maisons, d'un *block* dirait-on à New York, qui appartenait à mon arrière-grand-père August. Ce terrain nous a en quelque sorte été restitué administrativement, de droit – l'administration reconnaît que ma famille aurait vocation à en être propriétaire – mais absolument pas de fait. L'affaire est si compliquée qu'il est à craindre qu'elle ne se résolve jamais. De même que la reconnaissance de la filiation de ma mère en tant que Kraus a été une satisfaction, cette reconnaissance administrative est une forme de consolation. Rien n'a été reconstruit sur ce terrain depuis toutes ces années... À Otwock, par ailleurs – un peu le Saint-Germain-en-Laye de Varsovie –, August avait fait construire sa maison de campagne, la villa Augustovka, que j'ai retrouvée. Ce magnifique bâtiment Art nouveau a été divisé en appartements après la guerre. Lui non plus ne reviendra jamais. August est mort avec son épouse Tekla dans le ghetto de cette même ville.

Le documentaire de Rafael Lewandowski, très poignant, a été primé dans de nombreux festivals. La tentative de récupérer l'emprise foncière de Varsovie a eu un effet contrasté : elle a rassemblé cette famille éclatée tout en révélant ou en créant des blessures, certains n'ayant pas été exemplaires, c'est ainsi... N'ayant pas de descendance moi même, je me tourne vers ce passé complexe et planétaire : il m'arrive de penser que mon allergie aux étiquettes, aux compartiments étanches, aux couleurs pures, aux styles uniformes, vient de ce kaléidoscope de villes et de racines.

Mais la Pologne n'est pas qu'un souvenir. C'est un présent. J'ai été directeur du Sinfonia Varsovia pendant des années, et me rendre à Varsovie s'est toujours traduit par une émotion forte. Je pense ici à mon ami Piotr Kamiński, dramaturge et musicologue, mon ambassadeur pendant ces années polonaises qui m'amenèrent par exemple à diriger le monument national qu'est *Halka*, l'opéra du compositeur Stanisław Moniuszko, sur un livret de Włodzimierz Wolski. En tous les cas, la sortie du film a fait un certain bruit en Pologne, créant dans les milieux mélomanes comme un syndrome du retour de l'enfant prodigue, c'est extrêmement touchant pour moi.

Aujourd'hui, la « saga » minkowskienne se poursuit. J'admire la génération montante avec par exemple ma nièce Julia, avocate et auteur, ou encore mon neveu Olivier Huet, médecin réanimateur de talent… et tous les autres. Quant à la spiritualité, c'est à Christian Louis que je dois la découverte d'un chemin symbolique qui m'éclaire tous les jours.

Au tout début du XXe siècle, ma famille maternelle et ma famille paternelle ont donc vécu en même temps aux deux extrémités de la Suisse. Quand je dois travailler là-bas aujourd'hui, quand Alexander Pereira m'invitait à l'Opéra de Zurich par exemple, j'ai le sentiment de poursuivre un peu cette tradition familiale. En étant invité au Grand Théâtre de Genève par son directeur Aviel Cahn pour *Les Huguenots* ou d'autres « grands opéras » français comme *La Juive* d'Halévy, alors que ma grand-mère Wade repose non loin, je suis toujours les traces de ma famille, toujours entre traditions catholique, judaïque et protestante.

Au fond, je viens de Suisse et j'y retourne sans cesse. Mon premier lever de baguette a eu lieu à Leysin, dans une colonie musicale, l'été de mes quinze ans… Nous formions un petit ensemble, comme je l'ai déjà évoqué. J'avais apporté le matériel d'orchestre d'un concerto pour flûte de Vivaldi et, après un cours de chant, j'ai attiré tous les stagiaires, encore des enfants, sur le balcon de notre chalet-dortoir pour une répétition improvisée.

Oui, la Suisse est vraiment pour moi à la fois terre d'origine familiale et terre d'adoption musicale. À Verbier, j'ai rencontré des musiciens qui sont devenus mes collaborateurs : Marc Leroy-Calatayud, Christoph Koncz et Roberto González-Monjas, tous devenus de grands chefs depuis. Mes passages à Verbier et à Montreux (où je me rendais souvent) n'allaient jamais sans une visite à l'ami Hugues Cuénod jusqu'en 2010, année de sa mort. Diriger pour ses funérailles au temple de Lully (hasard amusant de la toponymie), après l'avoir fait pour son centenaire avec Felicity Lott, était une émotion et un honneur.

Suisse toujours : c'est à Lausanne que nous avons donné avec Laurent Pelly une production mémorable des *Contes d'Hoffmann* avec la nouvelle édition de Jean-Christophe Keck dans ce merveilleux écrin Art déco qu'est l'opéra de la ville qui se prêtait magnifiquement à ce spectacle devenu mythique. Aujourd'hui, je m'intéresse à Avenches, magnifique site romain d'Aventicum, capitale helvète d'alors, et à ses anciennes arènes, voisines du Haras national suisse. C'est à Alexandre Bing que je dois d'avoir découvert la vraie Suisse, toutes sa variété d'expressions et sa nature unique.

Mon père a été conçu à Zurich – lui-même le rappelle dans un de ses livres – mais il est né à Paris. Ses parents psychiatres faisaient partie de l'Œuvre de secours aux enfants (OSE), qui existe toujours, et ont pris part à l'évacuation de milliers d'enfants juifs en zone libre. Croix de guerre, médaillé de la Résistance, Grand Officier de la Légion d'honneur, chasseur alpin… Il avait été marqué par le fait que ses parents étaient sur le chemin de Drancy quand ils ont bénéficié d'une intervention familiale, au commissariat de police, compte tenu de leur position de grands médecins dont la présence était requise, notamment parce qu'ils consultaient à domicile, avait-on dit. Souvenir qui m'est naturellement revenu quand j'ai visité Auschwitz lors d'un engagement à Cracovie. Un membre de la branche de la famille restée en

Pologne y a été déporté et j'ai moi-même rencontré à Bâle la dernière descendante de la famille de Varsovie ayant échappé à la déportation, Jadwiga, tandis qu'August périssait du typhus dans le ghetto d'Otwock, non loin de sa maison, comme dit. Cette visite à Auschwitz restera l'un des pires et l'un des plus forts souvenirs de ma vie : on est pris de vertige devant la taille de cette usine à tuer, sans pouvoir rien faire, même pas imaginer. Dans le pavillon français, remarquable par ailleurs, avec toutes les photos de ces déportés, je ne pouvais m'empêcher de me dire : « Mes grands-parents auraient-ils pu, auraient-ils dû se trouver là ? » Le destin se mesure en décennies, en siècles, parfois aussi en secondes. Et on ne peut jamais savoir s'il se comportera en joueur fair-play ou en truand achevé.

Le destin… Ce n'est pas en Suisse que mes parents se seront rencontrés, ce qui aurait pourtant été le plus probable : c'est sur un paquebot entre New York et Paris, *Normandie*, *France* ou *Île-de-France*. Professeur de médecine, mon père voyageait tout le temps. Il a étudié aux États-Unis et est le premier à avoir importé les méthodes modernes de la néonatologie alors inconnues en France. Ma mère empruntait souvent la ligne New York-Paris. Après la guerre, au début des années 1950, c'est donc au milieu de l'Atlantique que leur amour est né.

Ce tour du monde des villes qui comptent, enfin, ne peut oublier Londres. D'abord parce que c'est l'endroit où, hors de France, j'ai eu mes premiers engagements grâce à l'indomptable Lina Lalandi, claveciniste, amie de Stravinsky, fondatrice, mémoire et patronne à poigne de l'English Bach Festival – qui avait pour caractéristique de n'être ni un festival, ni dédié à Bach, ni tellement anglais puisque ses « dieux » étaient Rameau et Gluck. C'est là que j'ai monté *Alceste* en un temps déraisonnablement court en 1989 – un baptême du feu très très « chaud ».

Londres, c'est aussi, beaucoup plus tard, Covent Garden, la Royal Opera House où j'ai pu diriger Mozart ou Verdi avec un orchestre fantastique et des plateaux réjouissants. C'est encore le BBC Symphony auquel je dois quelques moments forts – en particulier un *Peer Gynt* récité – non, incarné – par les prodigieux élèves de la Guildhall School. J'admire cette ville fourmilière, étrange mixture de patrimoine et de futurisme, attachée au trône inaltérable comme aux mouvements de l'histoire. C'est la patrie de Purcell, un de mes compositeurs de prédilection, celle de mes chevaux préférés... Plus que l'Allemagne et que l'Italie, c'est la terre de mon compositeur de chevet, Haendel... et d'une branche de ma famille dont j'ai déjà parlé, les Scriven. Diriger plusieurs fois aux Proms reste un souvenir rare de contact avec la ferveur populaire que peut provoquer la musique classique chez le public britannique.

Voilà : le don, ce cadeau qui s'est imposé à moi, je l'ai aussi reçu, non d'un maître ou d'une fée, mais de cette diversité d'origines, d'influences, d'expériences. On me connaît comme musicien français, spécialiste de la musique française de Lully à Olivier Greif, messager de Rameau, d'Offenbach, alors que je n'ai, si tant est que cette expression ait un sens, pas une goutte de sang français, on y reviendra. Cependant, les services rendus à la France par mon grand-père, ma grand-mère et mon père m'honorent et m'obligent. Quand je dirige, en France ou ailleurs, j'ai l'impression à mon tour de servir.

7

DE GRENOBLE EN RÉ

En regroupant quelques amis il y a quarante ans, je n'aurais jamais imaginé que Les Musiciens du Louvre nous conduiraient dans tous ces lieux de tous ces pays, devant ces publics si nombreux et si différents. À l'époque, je ne considérais pas encore ce que je faisais en dirigeant comme mon principal métier. C'était un hobby, une chance, une vocation oui, mais sûrement pas un « métier » qu'on commence le matin et qu'on arrête le soir. Ma vie professionnelle était celle d'un bassoniste, je trouvais déjà cela très satisfaisant. Nous donnions d'abord un concert par an, et de l'un à l'autre je n'imaginais pas que tenir une baguette deviendrait mon activité dominante. C'est devenu plus concret quand nous avons pu aborder des œuvres ambitieuses avec des solistes aguerris : *King Arthur* et *The Fairy Queen* de Purcell à Saint-Étienne-du-Mont en 1985, ensuite les grands oratorios de Haendel. Et plus encore à partir de 1987, quand nous avons enregistré les comédies-ballets de Lully chez Erato. Alors il est devenu naturel de vouloir grandir, de ne plus payer les artistes à la recette, d'avoir des engagements en bonne et due forme pour rémunérer des intermittents, de s'appuyer sur une trésorerie et de bénéficier de subventions pour pouvoir se développer. Beaucoup d'ensembles commencent par le disque. Pour nous, cela aura été plus long : cinq ans. Le disque n'était pas une hypothèse mais un premier accomplissement. Et une porte ouverte.

Peu à peu, notre activité – les enregistrements, les radios, les invitations, les festivals, les comptes, les plannings, les répétitions… – nous a interdit de nous reposer uniquement sur des bénévoles. Nos intermittents jouaient dans des ensembles créés longtemps auparavant, largement subventionnés. Malgré nos maigres subsides, nous ne pouvions pas les payer moins. Le travail était le même, leur exigence était la même. Bien sûr, il y avait le mécénat. Grâce à un choriste de l'Ensemble Françoise Herr qui y travaillait, nous avons beaucoup reçu du Crédit foncier de France qui mettait à notre disposition une salle de répétition à faire pâlir nos aînés, la « Salle des Tirages » de l'hôtel d'Évreux, place Vendôme. Quel luxe ! Nous bénéficiions également du service de presse du groupe. Deux employées étaient en charge… Autres temps, autres mœurs.

Il est vite apparu que ces moyens étaient insuffisants, si bien que j'ai dû partir à la chasse aux subventions pour la première fois de ma vie. Nous obtenons rapidement le soutien de la Direction régionale des affaires culturelles (Drac) d'Île-de-France, bras armé du ministère de la Culture au niveau régional. Je cherche cependant un appui national, et obtiens un rendez-vous avec Michel Schneider, alors directeur de la musique rue de Valois et philosophe à ses heures. Étant bassoniste principal des Arts florissants et de La Chapelle royale, je vois bien comment fonctionnent ces ensembles, dans des appartements haussmanniens, avec des responsables administratifs et financiers, des communicants, des chargés de production… Tout ce dont nous manquions.

Avant de me recevoir, Michel Schneider envoie ses « inspecteurs » écouter un ou deux concerts. Inspecteurs peu informés qui assistent à l'un ou l'autre de nos concerts au hasard. Or, bien sûr, un ensemble comme le nôtre, au stade où il en était de son développement, connaissait des instants bénis comme des moments plus difficiles. Il fallait tenir, avec les solistes disponibles, dans les églises peu chauffées. On répète comme on peut. À cette époque, le musicien intermittent français n'a pas les réflexes du free-lance anglais, par exemple, qui peut, bon an, mal an, monter un *Messie* de Haendel en une répétition. Le musicien anglais, j'ai pu le voir à l'English Bach Festival, est habitué au déchiffrage quasi en direct. C'est un hyper professionnalisme qui considère le travail accompli quand l'ensemble tient d'aplomb. Il existe une célèbre répétition filmée du *Requiem* de Fauré à Londres, dirigée par Sergiu Celibidache qui confie ensuite au réalisateur : « Ici, on est habitué à obtenir un excellent résultat en une répétition, mais un excellent résultat, c'est de la technique, ce n'est pas encore de la musique. Ils n'ont aucune idée de la transcendance puisqu'ils ne la cherchent pas. » Sentence cruelle bien dans le style de Celibidache, non dépourvue de fondement. Tout pour l'efficacité, le reste est *self indulgence*, péché mortel. Ce n'était pas alors la coutume en France. Si bien que, quand il fallait travailler « à l'anglaise » faute de temps, beaucoup étaient perdus.

C'est pour cela que nous voulions créer un cadre plus pérenne, plus propice au travail soigné, plus gratifiant pour les musiciens – donc, je suppose, pour le public. Bref, les *missi dominici* de la rue de Valois (ou plus précisément de la rue Saint-Dominique, siège de la Direction de la musique) prennent prétexte d'un concert sans doute un peu vert mais, surtout, ils sont embarrassés car ils ont déjà donné. À ceux qui étaient là avant. Et les caisses sont vides. Dans son film *Le Pont des Arts*, Eugène Green décrit l'atmosphère de cette époque. Denis Podalydès incarne un chef baroque connu, Jérémie Renier son esclave et amant…

Le personnage joué par le sociétaire de la Comédie-Française martyrise une chanteuse : « Pas assez baroque »... On voit, dans ce film qui est aussi une satire, le chef Podalydès convoquer le ministre chez lui au moindre éternuement (en fait un membre de son cabinet qu'il appelle « mon ministre »), pour qu'il règle tous ses problèmes.

C'est dans ce contexte plutôt fermé que je sollicite auprès de Michel Schneider le soutien des pouvoirs publics. De quoi payer un administrateur à temps complet et un local, c'est tout. Adorateur de Schumann et de Chopin, absolument sourd au répertoire que nous défendions, le directeur de la musique me demande alors si je suis « sûr de la légitimité de [mon] ensemble ou de [mes] prestations ». Nous avons deux ou trois disques pour témoigner... Il n'en a jamais entendu parler. « Vous vous appelez Musiciens du Louvre, allez donc voir le musée du Louvre, ils pourront vous aider, ils vous donneront un bureau. » Un bureau au Louvre ! Comme ça. Et c'est nous qui sommes les rêveurs... L'un des inspecteurs, plus bienveillant, nous recommande cependant de tirer profit de la montée en puissance de la décentralisation alors à l'œuvre et d'« aller voir en province ». Le Louvre à Rennes ou à Montélimar, sur le coup j'ai trouvé la suggestion farfelue. Et puis la majorité de nos concerts avaient encore lieu à Paris. Pourtant...

Quelques années plus tard, Claude-Henri Bonnet, alors conseiller musical du Cargo de Grenoble, devenu entre-temps la MC2 (première maison de la culture en France), m'informe que l'Ensemble instrumental de Grenoble cherche un directeur musical et qu'il souhaite de son côté accueillir Les Musiciens du Louvre en résidence dans son institution.

Je me renseigne : c'est l'inverse de ce que nous sommes. Un petit ensemble à cordes, salarié, administrativement lourd comme un orchestre symphonique à ceci près qu'ils ne sont que treize. Après la Libération, ces « orchestres de chambre » généralistes qui jouaient tout de Lully à Britten sont devenus très à la mode. En France, Jean-François Paillard était aussi populaire que Charles Munch ou Manuel Rosenthal. Mais dans les années 1970, l'heure est aux spécialistes, Ensemble intercontemporain pour le répertoire futur, ensembles médiévaux, Renaissance ou baroques pour le passé. Les orchestres de chambre se trouvent peu à peu réduits aux accompagnements de solistes et aux animations pour les touristes dans les églises.

Je ne me voyais pas du tout reprendre une telle formation. Mais je me suis souvenu du « Allez voir en province » auquel s'accrochait un ministère qui, à raison, trouvait que l'État dépensait déjà trop pour la capitale. Une idée me vient alors comme il n'en vient qu'aux autodidactes ignorants des contraintes administratives. Je propose une fusion des Musiciens du Louvre et de cet ensemble, en dépit ou justement à cause des profondes différences techniques et culturelles, en dépit ou à cause de son caractère désuet. Échapper au sérail, franchir les bornes bien rangées des « spécialistes », tenter l'impossible, finalement je me voyais plus enthousiaste qu'inquiet.

Un concours est organisé, avec dans le jury un représentant du ministère, un autre de la Ville et un comité d'experts. J'apprendrai que certains concurrents proposaient de licencier tous les musiciens, notamment une cheffe passionnée de musique actuelle qui voulait faire de l'ensemble une sorte de second Intercontemporain. Ce n'était pas mon cas.

Le projet était inédit et risqué : fusionner un orchestre d'intermittents sur instruments d'époque et un ensemble instrumental moderne, ce qui impliquait de « convertir » les musiciens permanents au jeu baroque en les faisant encadrer par des intermittents.

On se représente aujourd'hui le nombre de principes et d'impossibilités théoriques que la démarche prétendait enfreindre. Contre toute attente, le ministre Philippe Douste-Blazy, mais aussi Anne Chiffert, fille de Marcel Landowski devenue directrice de la musique, et Michel Destot, député-maire de Grenoble, sont, eux aussi, enthousiastes !

La fusion a lieu. Avant même notre installation à Grenoble, nous préparons le voyage en formant un groupe « historico-moderne » pour l'enregistrement d'un opéra délicieux du jeune Rossini, *L'Inganno felice*, au théâtre de Poissy dont le directeur nous a adoptés. J'adore l'œuvre… et le titre. « L'heureux stratagème », c'est un peu ce que j'essayais de faire avec l'Ensemble instrumental de Grenoble. Dans la salle, on l'a vu, se trouvait un certain Gérard Mortier. Quelques mois auparavant, je dirigeais *Idomeneo* à l'Opéra Bastille, et quelques mois plus tard, je débuterais à Salzbourg…

En quelques années, j'étais passé d'un ou deux concerts par an dans des églises à quelques-unes des plus prestigieuses institutions d'Europe et à un « ancrage régional », comme disent les fonctionnaires parisiens. C'était une chance car avec l'ensemble, dont les membres se sont avérés des musiciens tout à fait vaillants et volontaires, nous récupérions également un ancien temple transformé en auditorium au cœur du vieux Grenoble, et une équipe administrative. Ce projet était donc un mouton à cinq pattes du point de vue des statuts et de l'organisation, mais un mouton à cinq pattes qui savait marcher…

… Et qui sauvait l'intégralité des postes de musiciens permanents, ce que refusa immédiatement de reconnaître le principal syndicat du secteur, qui prit très mal la nomination d'un chef d'ensemble « intermittent » à la tête d'une formation intouchable. Combat vieux comme les luttes sociales elles-mêmes, cette organisation essentielle pour les ouvriers, les salariés, a toujours montré la plus totale incompréhension, jusqu'au mépris parfois, de la situation concrète des saltimbanques que nous sommes. Permanents, intermittents, peu leur importait : la fabrique de l'art est peut-être un de leurs domaines, mais la défense des statuts et la diabolisation de celui qui n'en avait pas (l'auteur de ces lignes) était visiblement plus importante.

Un travailleur est un travailleur et, en me nommant, les tutelles faisaient entrer un loup dans leur bergerie. Très vite, on a commencé à lire des commentaires dans les publications de l'organisation concernée : je serais le « Jean-Marie Messier » ou le « Bernard Tapie » des orchestres, un porte-drapeau du grand capital, un ennemi de classe esclavagiste, la première étape vers la privatisation. Aujourd'hui encore, après avoir sauvé plusieurs postes de musiciens permanents et alors que l'orchestre en emploie toujours quelques-uns près de trente ans plus tard, je ressens ce mauvais procès comme une profonde injustice.

De notre côté, nous avions le désir et la volonté de faire exactement le contraire d'une démolition : pérenniser l'ensemble, assurer le travail, stabiliser le fonctionnement. Nous amenions une phalange dotée d'une réputation internationale et très active dans les studios (nous avions signé un contrat chez Deutsche Grammophon, éditeur allemand à la notoriété indiscutable), tout en sauvant un ensemble de plus de dix salariés proche de la fermeture… et en dotant la ville de Grenoble d'une « vitrine » dont nul ne contestait le prestige ni l'intérêt. Bel arbre régénéré qui a tout de suite porté ses fruits puisque Jean-Pierre Brossmann nous a unis à Laurent Pelly et à ses propres forces lyonnaises pour monter *Orphée aux Enfers*.

Pendant presque deux décennies, cet « ancrage » nous a permis de nous développer en mettant Grenoble au cœur du village européen – artistiquement s'entend, car le maire socialiste Michel Destot, notre indéfectible soutien, avait déjà fait de sa ville une capitale des sciences, la « Silicon Valley » du pays. Bien sûr, la fusion des méthodes et des processus n'a pas été une partie de campagne. La délocalisation partielle des répétitions à Paris ou ailleurs selon les projets a un peu compliqué la vie de beaucoup. Nous ne pouvions pas non plus recruter davantage de musiciens permanents car la mairie nous a toujours demandé de ne pas le faire : nous voulions changer une citrouille en carrosse, pas reconstruire le monde entier.

Quoi qu'il en soit, le succès de notre Rossini a largement facilité la fusion qui a eu lieu en septembre 1996. Dès octobre, nous partions en tournée avec l'un de nos chevaux de bataille, *Armide* de Gluck et Quinault, d'abord au Concertgebouw d'Amsterdam puis à Grenoble, à Bordeaux et à la Cité de la Musique à Paris, où nous l'avons enregistré le mois suivant chez Deutsche Grammophon. Les musiciens de l'Ensemble instrumental découvraient une nouvelle vie, de nouvelles émotions, de nouveaux publics. La gratitude dont ils ont fait preuve a été la plus belle récompense. La période aura été fructueuse pour tous : pour nous, permanents et intermittents main dans la main, pour la Maison de la culture et la ville de Grenoble, pour le public, pour moi sans l'ombre d'un doute. C'est la période au début de laquelle est né notre *Ariodante*, première rencontre avec Anne Sofie von Otter, Lynne Dawson et le tout jeune Denis Sedov, retrouvailles avec Verónica Cangemi et Richard Croft, tournée enivrante à Amsterdam, Grenoble, Halle – la ville natale de Haendel –, Poissy où notre éditeur a posé ses micros… Ceux qui y étaient en parlent encore.

Et puis brutalement, après vingt ans de bons et loyaux services, le nouveau maire, par ailleurs un mélomane qui se rend régulièrement à l'opéra, annonce l'arrêt soudain de la subvention annuelle un mois avant son renouvellement. Personne ne l'ayant jamais vu, personne ne l'avait prévu : aucun ensemble, aucune institution culturelle associative n'a jamais été confronté à une telle urgence. Et aussi peu fondée. Pas le temps de négocier, pas le temps de se préparer, des contrats à honorer sans dialogue ni appui… « De toute façon, nous dit-on, vous êtes célèbres, vous allez bien vous débrouiller par vous-mêmes. » C'est ce qu'on fait, dans la panique, avec toutes les difficultés possibles qu'une tutelle responsable aurait pu éviter sans coûts ni dommages. Comme un plaisir secret à discréditer un art « élitiste », « bourgeois », que nous nous efforcions au contraire de rendre accessible à tous, vivifiant pour tous. Aujourd'hui, après quarante ans, nous continuons d'aller de l'avant et avons accueilli Julien Caron en tant qu'animateur de notre équipe et porte-drapeau. Ancien directeur du festival de La Chaise-Dieu, il saura sans aucun doute nous faire profiter de ses qualités d'organisateur comme de sa sensibilité et de sa culture musicale étendue.

★

À l'opposé, au service d'une réalisation moins ambitieuse et moins centrale que Les Musiciens du Louvre mais importante tout de même, je dois parler de mon lien avec Jacques Toubon et de notre œuvre commune, le festival Ré Majeure.

J'ai peu connu Jacques quand il était ministre de la Culture, entre 1993 et 1995. Notre seule rencontre avait eu lieu au festival de Beaune en 1994 en marge d'un *Hippolyte et Aricie* en version de concert dans la cour des Hospices. Les quelques mots que nous avons échangés auront été sympathiques mais, ce soir-là, un tableau avait été volé… au Louvre. Le ministre est donc appelé, sans doute sur l'un des premiers téléphones portables d'alors. Il est sollicité pendant le concert, se lève, sort, revient. Je le vois très brièvement à l'entracte mais il doit partir en cours de spectacle.

Plus tard, quand Jacques ne sera plus ministre ni de la Culture ni de la Justice, l'île de Ré va rétablir ce lien accidentellement rompu de façon bien plus solide et bien plus profonde. Habitué de l'île et de la famille Casadesus dans mon enfance, je n'y étais retourné qu'en 2006, d'abord en visite dans l'un de ses charmants hôtels en bord de mer, puis locataire d'une superbe maison à Loix, enfin propriétaire dans le même village – au bout d'une presqu'île, loin des foules et des routes. La rencontre se fait naturellement, lors d'un concert que nous donnons à La Rochelle, grâce à Jackie Marchand et Florence Simonet, les deux têtes dirigeantes de La Coursive. Jacques Toubon, venu de Ré, est spectateur ce soir-là. Ce sont aussi les retrouvailles avec Jean-Claude Casadesus, dont la mère Gisèle et la tribu habitent Ars. L'amitié prend la place du protocole.

Peu de temps après, la tempête Xynthia frappe l'île. Les vagues submergent ce paradis comme on sait, comme jamais, les digues cèdent, les ports disparaissent, les maisons construites dans des « zones inondables » prennent l'eau jusqu'à la poitrine, les routes sont coupées, la ferme aquacole de Loix répand ses turbots dans les jardins. Avec Jacques, nous organisons alors un concert au profit des sinistrés, nous-mêmes, à Loix, ayant été par miracle épargnés. Ces *Concertos brandebourgeois* de Bach scellent un pacte : chacun apporte ce qu'il a, nous apporterons donc un peu de musique. Avec Jacques, Jackie, Florence et Clément Ledoux, mon producteur chez Naïve et agent, nous créons Ré Majeure. Certains me demandent : « Mais est-ce que tu as vraiment envie de travailler dans une île où tu viens justement échapper au travail ? » La réponse est bien sûr oui, mille fois oui. L'île n'est pas que douce et paisible, elle est belle et remplie de lieux également beaux qui respirent la musique : ces églises à taille humaine, ces anciens hangars à sel, ces cours d'hôtel… trop pour ne rien faire. Sans compter mes amis les chevaux que j'intègre dans quelques spectacles avec Manu Bigarnet. Jacques Toubon devient le président naturel du festival idéal et c'est grâce à lui que nous avons pu compter sur le soutien constant de l'entreprise Fiducial.

L'amitié avec son épouse Lise, âme lumineuse, protectrice des arts, dont la disparition récente a séparé sur cette terre ce couple si attachant, s'est révélée en même temps. Depuis la création du festival, Jacques et Lise nous ont suivis en France, en Autriche, en Allemagne, à Bordeaux, toujours présents. Jacques est une autre de ces figures bienveillantes, plus âgées, presque paternelles, qui ont jalonné mon existence, et, quand je me retrouve dans une situation politique tendue, ce qui m'arrive assez souvent – ne demandez pas pourquoi –, il est d'un conseil précieux. En le côtoyant sur le tard mais de plus en plus, je découvre un connaisseur très fin de la culture bien sûr, de la politique européenne, de la justice, de la société française, doté d'une mémoire invraisemblable – il revient facilement sur un mot prononcé dix ans plus tôt, se souvient de chaque concert et appelle chaque musicien croisé une seule fois par son nom. Humaniste dans tous les sens du terme, il surprend constamment par la sûreté et la liberté de son jugement sur tant de sujets, aussi curieux de tout que l'était mon propre père mais plus sage, plus mesuré. Pendant le confinement, cette sagesse aura été un rayon de soleil.

Grenoble, Ré : partis de rien, nous y sommes donc arrivés. Si je mesure ma chance, je suis aussi frappé par la constance et la rudesse des obstacles qui se sont levés devant nous. Jamais je n'ai pu voir notre édifice autrement que fragile. En déséquilibre : d'un côté le public, les artistes, les chanteurs, la chaleur du dehors ; de l'autre les institutions nationales en conflit perpétuel – si souvent en conflit avec elles-mêmes, hélas ! Je n'accuse personne, bien sûr.

Il me faut mentionner ici le soutien incomparable de Marie Glidden, qui me suit depuis plusieurs décennies. Rôle indispensable auprès d'un artiste aussi actif que je le suis, elle fait beaucoup plus qu'organiser mon temps. Elle connaît toutes mes habitudes, mes relations avec les maisons et les festivals, mes besoins, le sens de ma carrière. Elle sait contribuer à l'équilibre, justement, entre mon activité de chef invité et mon orchestre aimé des Musiciens du Louvre. Je lui dois énormément. C'est d'autant plus important que quelque chose en moi construit, transmet, donne sans contrepartie, tandis que quelque chose lutte, querelle, s'emporte facilement, provoque la méfiance. J'aime les esprits généreux qui ne calculent pas, ne réduisent pas un destin à de la stratégie. Les stratèges m'irritent de façon parfois extrême. Je peux même m'irriter par anticipation ! Pendant la crise, pendant la pandémie, une organisation syndicale voulait empêcher quelques instrumentistes de jouer dans la cour de l'hôpital Saint-André à Bordeaux, en me faisant passer dans un organe de presse pour un quasi-assassin par voie de contamination. Geste infime et pourtant nécessaire vu de ma fenêtre, pour notre ville, pour les gens et pour nous, qui sommes des gens aussi. Après ce petit concert quasi improvisé, un musicien de l'Opéra m'a appris que, né prématuré, il devait la vie aux techniques importées par mon père. Je ne voyais pas trop le lien entre notre art et la santé publique, mais j'ai senti cette résonance. Je ne compte pas, parce que j'avale mon métier comme un médicament. Si on m'empêche, je tombe malade. Drôle de vie.

8

CHAQUE MAISON A UNE ÂME

Créer mon propre orchestre, Les Musiciens du Louvre, ce n'était pas un rêve. C'était un geste. Avant d'être un désir : une action arrivée très tôt dans ma vie, remarquée très tôt pour diverses raisons, en partie je crois parce qu'en 1982 les ensembles français étaient assez rares, le pays étant encore largement sous l'influence des « orchestres baroques flamands et anglais ».

Je garde de ces années le souvenir d'une grande liberté, d'une grande mobilité aussi, entre Opéra de Paris, Opéras de Lyon, de Houston, de Vienne, festivals d'Aix-en-Provence, de Salzbourg, d'Utrecht, de Beaune, de Brême. Et Versailles, et le Concergebouw d'Amsterdam où nous allions presque chaque saison. Peu d'ensembles indépendants, surtout français, ont eu la chance de présenter des séries lyriques aussi nombreuses dans autant de maisons de premier plan à travers le monde.

Au Staatsoper de Vienne, Les Musiciens du Louvre ont été, je l'ai dit, le premier orchestre extérieur à entrer dans la maison. À l'Opéra de Paris, quand nous avons donné *Teseo* de Haendel et *Platée* de Rameau en concert, déjà, à l'époque de Jean-Albert Cartier, nous comptions parmi les premiers à faire entendre cet art et ces techniques encore nouvelles dans une institution plutôt conservatrice qui avait confié à son propre orchestre *Dardanus* en 1980 et *Giulio Cesare* en 1987 – deux demi-échecs qui auront beaucoup contribué à cette nouvelle approche.

Tous ces voyages en ont provoqué d'autres. C'est la règle dans notre monde : les invitations avec notre ensemble donnent des idées aux organisateurs qui nous invitent ponctuellement à diriger leurs propres troupes et leurs propres orchestres. C'est ainsi que je me suis retrouvé, en très peu de temps et sans l'avoir prévu, à La Fenice de Venise, au Welsh National Opera, à Covent Garden, au Staatsoper de Berlin, plus tard à Zurich, Milan ou San Francisco.

J'ai pensé au début que ce serait trop lourd pour moi. Indépendant, presque formé à l'indépendance, les règles institutionnelles vous inspirent... ou pas. Je ne les avais pas dans le sang. Il a fallu apprendre, recevoir des coups, tomber, se relever. L'hostilité de certains n'est pas prévisible, non plus qu'une crise financière, une avarie technique ou une menace de grève concernant retraites ou salaires. Comme le titulaire, l'hôte partage les bonheurs et les malheurs d'une communauté.

Quoi qu'il en soit, j'ai peu à peu aperçu maintes ressemblances entre la direction artistique de mon ensemble et la direction générale d'une maison. Lully, Haendel ont fondé leurs propres « académies royales », Wagner a édifié son propre théâtre : ils ne voulaient pas rester suspendus au bon vouloir d'un patron ou d'un commanditaire, ils étaient responsables. Il me semble qu'à force de les admirer je les ai pris pour modèles. Pas en matière de génie créatif, évidemment. En termes de production et d'organisation.

Avant de songer à Bordeaux, il y a eu l'Opéra-Comique à Paris, qui me semblait le plus naturel. Une salle dans laquelle j'avais beaucoup joué comme bassoniste avant de diriger *Alcione*, *Platée*, *Pelléas* en concert, puis *La Dame blanche*, *Cendrillon*, *La Chauve-souris*, *Manon*... C'est Pierre Médecin, lorsqu'il était directeur, qui m'a convaincu que les portes de ce lieu magique n'étaient fermées à personne. Quand il a annoncé son départ, j'ai discrètement approché, au ministère, le directeur des spectacles qui m'a recommandé de me présenter. On murmurait le nom de Jérôme Savary, comédien, metteur en scène, fondateur du Grand Magic Circus, à qui le poste aurait déjà été promis pour services rendus à la République. Savary lui-même, devenu figure majeure du théâtre institutionnel, metteur en scène génial d'énergie et de fantaisie, à l'origine de certains spectacles d'opéra très réussis, ne comprenait pas ce qui se passait. On lui avait dit : « C'est pour toi. » Donc c'est pour lui. Et l'opéra disparaît de la place Boieldieu où se tient un cabaret lyrique très sympathique et jubilatoire quoique bien éloigné de la mission historique du lieu.

Un jour cependant, justement parce qu'il ne programme plus rien avec orchestre, je décide d'aller voir Jérôme Savary pour lui faire une proposition : « En 2002, ce sera le centenaire d'une œuvre phare de la maison, phare de toutes les maisons d'ailleurs, *Pelléas et Mélisande*, et j'aimerais fêter cet anniversaire ici même, son lieu de naissance. » Il m'ouvre très généreusement les portes et, avec le Mahler Chamber Orchestra, un jeune orchestre que je dirigeais souvent depuis sa fondation par Claudio Abbado, Daniel Harding et Antonello Manacorda, nous parvenons à monter une version de concert en très peu de temps. D'abord le Théâtre de Ferrare, résidence de l'orchestre, puis l'Opéra-Comique. Émotion forte de jouer en présence d'Irène Aïtoff, l'ancienne accompagnatrice d'Yvette Guilbert en tournée et partenaire de concert de ma grand-mère Edith, chef de chant qui a enseigné *Pelléas* à tous les chanteurs du monde entre les années 1930 et la fin du XXe siècle. Ce 30 avril 2002, nous avions également dans la salle mon ami Hugues Cuénod, le ténor favori de Nadia Boulanger et élève de Mary Garden, créatrice du rôle de Mélisande, lui aussi né en 1902, quelques mois après *Pelléas*. Cette représentation unique dans la version originale avec interludes courts restera toujours dans ma mémoire : c'est comme si le siècle qui nous séparait de la création ne se comptait plus qu'en minutes.

Ensuite, l'Opéra-Comique, détaché de l'Opéra de Paris depuis l'ouverture de Bastille, perd tous ses moyens et périclite. Jérôme Savary compense autant que possible par sa fantaisie naturelle, mais le public ne sait plus où il est, ce qu'il entend, ce qui se passe. La conseillère d'État Maryvonne de Saint Pulgent, nommée présidente, modifie le statut de Favart pour lui assurer une place au budget : d'association 1901, le Comique devient « établissement public ». Son directeur doit par conséquent se soumettre à la limite d'âge, donc Savary se prépare à le quitter – à regret, comme on peut le deviner. Le ministère de la Culture annonce un nouveau cahier des charges : créer ou recréer des œuvres légères peu données à Paris, notamment du patrimoine national, favoriser l'insertion professionnelle des jeunes chanteurs… toutes choses qui me sont familières depuis longtemps. S'ouvre alors pour moi une première vraie procédure de recrutement.

N'ayant jamais passé d'examen, j'ai toujours inventé mon poste. Trois fois j'ai tenté de proposer mes services à l'Opéra-Comique. Trois fois j'ai trouvé porte close, toujours parce qu'une procédure prétendument cadrée, sur dossier, avec entretien et comité de sélection, était au dernier moment dévoyée par le fait du prince, rue de Valois ou plus souvent à l'Élysée.

Malgré le soutien de nombreux experts et commis de l'État, le destin aura voulu que je ne puisse faire au Comique ce mariage d'amour qui me paraissait si simple, si naturel – et pas seulement à moi.

Quelle différence entre ces habitudes de nomination au niveau national, archaïques, fièrement oligarchiques, et le contrat limpide que j'ai signé à Salzbourg, ou les procédures claires que j'ai pu observer ailleurs en Europe !

Ne nous plaignons pas. Deux grands élus, Michel Destot et Alain Juppé, qui n'ont pas le sens du service ou de la gestion publique moins développé qu'au faubourg Saint-Honoré, m'ont fait l'honneur de m'accorder leur confiance à Grenoble et à Bordeaux. Et ce système opaque a tout de même donné au Comique de grands directeurs, jusqu'à mon confrère Louis Langrée, dont le talent profitera à l'évidence à ce lieu magique.

L'objectif de maîtriser ce fichu destin ne m'a toutefois pas quitté. L'Opéra-Comique envolé, j'ai voulu avoir mon propre festival sur l'île de Ré, Ré Majeure, où se produisent des artistes qui me sont très chers. Et accepté la direction de la Mozartwoche, festival d'hiver de Salzbourg créé par l'Internationale Stiftung Mozarteum, fondation ouverte par Constance Mozart elle-même pour conserver manuscrits et instruments de son mari. Cette fondation a construit une salle de concert, une école, et a fini par établir un festival autour de la date anniversaire de la mort de Mozart, fin janvier. Les Wiener Philharmoniker en sont naturellement pensionnaires, les solistes prestigieux y accourent, mais aussi des formations invitées, l'Ensemble intercontemporain, l'Académie de St Martin in the Fields, la Cappella Andrea Barca d'András Schiff, le Freiburger Barockorchester… et depuis des années Les Musiciens du Louvre. Avant de prendre la direction du festival en 2013, j'y étais programmé régulièrement. En 2010, nous avons même inauguré une série d'opéras en version scénique, ce qui n'arrivait presque jamais jusqu'alors, avec un *Idoménée* mis en scène par Olivier Py et coproduit avec le festival d'Aix-en-Provence.

Le directeur dirigeait à la fois la fondation et le festival. Johannes Honsig-Erlenburg, le président de la fondation, s'est néanmoins montré très réceptif à un nouveau plan : un administrateur,

Matthias Schulz – qui deviendra par la suite codirecteur puis directeur du Staatsoper de Berlin, quasiment en même temps que moi à Bordeaux, avant que son arrivée à Zurich ne soit annoncée tout récemment, heureux Helvètes ! –, et un « directeur artistique » chargé de donner un mouvement, d'ouvrir des pistes. Cinq années de bonheur !

Servir enfin une institution à la fois traditionnelle et ouverte, bien gérée, dédiée au plus grand génie de notre art (avec Bach, soyons justes), dans des lieux extraordinaires à l'acoustique proverbiale… C'est ici que je deviens directeur d'opéra, enfin, puisque je programme *Lucio Silla* avec Marshall Pynkoski, l'*Orfeo* de Gluck avec Ivan Alexandre, *Davide penitente* puis le *Requiem* avec Bartabas, qui précéderont *Le Messie* créé avec Bob Wilson sous la houlette de mon successeur, Rolando Villazón, à la Mozartwoche, occasion d'ailleurs de mettre en place une coproduction pour le festival d'été pour *Lucio Silla*.

La réputation du festival attire un public nouveau, qui vient de plus loin, notamment grâce aux deux spectacles réalisés avec Bartabas : retour de l'art équestre dans la Felsenreitschule, c'est-à-dire le grand manège de Salzbourg où s'entraînaient jadis les cavaliers, transformé depuis plus d'un siècle en théâtre.

Après l'échec de l'Opéra-Comique et le succès de Salzbourg, il m'est apparu naturel de considérer l'ouverture du poste de directeur général de l'Opéra national de Bordeaux quand Thierry Fouquet a annoncé son départ après vingt ans de présence. La procédure aura été complexe mais victorieuse et j'aurai été aidé par tant de conseils et d'amitié, de Jacques Toubon à Jackie Marchand, d'Olivier Py à Antoine Boulay, sans oublier Jean-Paul Cluzel, ancien P-DG de Radio France, ni Laurence Dessertine, maire adjointe et présidente de l'Opéra, ni non plus le directeur de cabinet du maire, Ludovic Martinez. Quand j'arrive à

Bordeaux, Alain Juppé me demande de renoncer à mes fonctions à la Mozartwoche. Je le regrette, mais c'est un sacrifice que j'étais prêt à faire pour la capitale girondine, je le dirai quelques pages plus loin. Le bouillonnant et intense Rolando Villazón me succède à Salzbourg – les liens n'y sont donc pas rompus.

Les mélomanes le savent bien, chaque maison a une âme, chaque salle, chaque scène a une histoire. Des lieux où une *Passion* de Bach, un opéra de Mozart, de Wagner, de Debussy, de Rameau… ont été révélés, en gardent la trace à jamais. Et puis, il y a d'autres lieux, d'autres maisons.

Je voudrais ici m'engager dans une déambulation dont j'espère qu'elle ne perdra pas le lecteur par son aspect impressionniste. Elle sera l'occasion en tous les cas de raconter encore quelques expériences emblématiques et quelques rencontres si fécondes.

Me revient d'abord en mémoire la salle capitulaire de Port-Royal où j'ai dirigé pour la première fois, toute de boiserie et d'intimité. L'abbaye du Bec-Hellouin compte encore davantage. J'étais très proche des moines, mes parents possédaient une maison dans le village où je passais week-ends et vacances, et, comme je l'ai raconté, j'allais pêcher non loin avec mon père. Ma vocation de cavalier y est née en même temps qu'une flamme spirituelle plus ténue mais présente. C'est de la pierre du Bec que je veux parler ici.

Le père abbé s'appelait Dom Grammont, compagnon d'armes de mon père à la bataille de Narvik et, en réalité, sauveur de mes parents quand ils ont perdu un fils quelques années avant ma naissance, cause possible de mon existence. C'est non loin de l'abbaye que cet enfant avait eu un accident, et il repose au cimetière. Mes parents également. Ma mère y a fini ses jours.

Après le concert de Port-Royal, j'ai demandé aux moines si nous pourrions le monter de nouveau chez eux. Ils ont dit oui. Mes trois prénoms sont Marc, Anselme, dit Anselme de

Cantorbéry ou Anselme du Bec, l'auteur du fameux *Proslogion*, une réflexion théologique sur la preuve de l'existence de Dieu mais aussi sur l'inquiétude de l'âme, et Guillaume le Conquérant, haute figure normande. Mon vrai prénom est d'ailleurs Marc-Anselme, c'est dire si le lieu et le père abbé le plus emblématique de son histoire ont compté pour mes parents, en particulier autour du moment de ma naissance.

Il se dégage du Bec-Hellouin quelque chose de paisible et d'inaccessible à la fois, blotti loin du monde comme un palais de légende, qui fait qu'on s'y sent bien. La nef originelle est aujourd'hui une ruine. Ce qui sert d'église est donc un bâtiment du XVIIIe siècle qui, au départ, tenait lieu… d'écurie. Le grand érudit et organiste amateur Norbert Dufourcq, longtemps titulaire de Saint-Merri, avait offert aux moines des orgues qu'ils ont en quelque sorte cachées au fond du sanctuaire, derrière l'autel, car sa fille était religieuse au sein de la communauté. Cette église basse de plafond ressemble au tunnel divin dans l'*Ascension vers l'Empyrée* de Jérôme Bosch, et, comme le tableau, évoque une construction… musicale. Grâce à cette faible hauteur et à cet arrondi, il n'y a pas d'écho, c'est une expérience minérale, directe.

Parmi les lieux spirituels de cette intensité, Saint-Étienne-du-Mont peut rivaliser et nous y avons donc donné *Didon*, *King Arthur* et *The Fairy Queen* de Purcell après Philippe Herreweghe qui y avait dirigé cette *Passion selon saint Matthieu* dont tous ceux qui étaient là se souviennent, avec deux chœurs, avec Kurt Equiluz, une personnalité extrêmement attachante qui vient de nous quitter, le grand évangéliste d'Harnoncourt… Avec encore René Jacobs qui chantait les parties d'alto, quelques enfants issus du Tölzer Knabenchor qui tenaient des parties de soprano, deux orchestres (le Musica Antiqua Köln et La Chapelle royale de Herreweghe), avec le violoniste et chef Reinhard Goebel à l'esthétique très différente de celle de Herreweghe, plus articulée, moins ouatée, et qui communiait pourtant avec lui, avec Ton Koopman à l'orgue, et le chœur de Herreweghe, le magnifique Collegium Vocale Gent ! Tout cela a été enregistré par France Musique, c'est absolument bouleversant. On n'avait jamais entendu, en France, une *Passion* de Bach, et sans doute une pièce baroque, par de tels individus, si forts, si caractérisés, totalement fondus dans un ensemble dont le public lui-même faisait partie.

La pierre toujours, celle qui me poursuit, c'est celle de la cour de la résidence des Archevêques de Salzbourg, austère et minérale elle aussi, où a eu lieu cet *Enlèvement au sérail* décisif, mais aussi *Mitridate* qui a vu descendre Les Musiciens du Louvre dans la fosse du festival et avec eux, pour la première fois, les instruments « historiques » jouer Mozart au festival d'été – qui plus est pour son anniversaire.

Quand Peter Ruzicka, compositeur et successeur de Gérard Mortier, m'a proposé *Mitridate*, j'étais mitigé. Mozart est Mozart, Haendel est Haendel, cet entre-deux, cet *opera seria* conventionnel et rigide dont les airs ressemblent à des sonates reprises indéfiniment, cet Amadeus en culottes courtes encore sous influence… quand on sort – c'était mon cas – d'*Idomeneo*, de *L'Enlèvement*, du *Figaro*, de *La Flûte* et de *Don Giovanni*, on ressent tout de suite un peu de frustration. C'est ce qui me pousse à proposer, presque à imposer, Les Musiciens du Louvre. Mais j'avais tort de m'inquiéter. *Mitridate* est une pièce somptueuse que j'ai d'ailleurs enregistrée tout récemment. Remplie de passions folles, de personnages flamboyants. La plume théâtrale de Mozart trempe déjà dans toutes les couleurs de l'âme. L'air de Sifare avec cor, l'entrée du roi, la scène du poison, les remords de Farnace…

Pour peu qu'on s'en donne les moyens c'est vraiment du grand art. Le spectacle de Günter Krämer a d'ailleurs été un franc succès. Richard Croft était un Mitridate époustouflant de rage et d'humanité, la scène de la prison par Bejun Mehta plongeait la cour entière dans un silence presque religieux. Oui, cette cour m'aura porté chance.

La pierre est partout présente à Salzbourg, gros village blotti contre une falaise hautaine, sombre. Et la Felsenreitschule, c'est le triomphe de la pierre. La plus belle proposition que j'aie vue dans cet ancien manège, c'est le *Saint François d'Assise* de Messiaen, mis en scène par Peter Sellars et dirigé par Kent Nagano. Le premier grand coup de Gérard. Il fallait du courage pour imposer cette œuvre hors de France, dans ce temple de l'art germanique, et ce fut un spectacle parfait. Peter Sellars avait coupé le vaste plateau en trois : côté cour, une église stylisée en poutres de bois ; au centre, un immense panneau de néons où scintillait la Croix ; côté jardin, une myriade de téléviseurs qui prolongeaient les mouvements et faisaient vivre les oiseaux multicolores pendant le prêche, dispositif maintes fois copié, jamais égalé. C'était plus qu'un spectacle, une expérience collective et personnelle. Sellars tend au public un miroir doux, sans agressivité, mais lucide au point qu'on se sente happé. *Saint François* était un rituel de pierre, de bois et de lumière. Une initiation collective.

Ce festival est né ici il y a cent ans. Le manège des archevêques dont il ne reste qu'une partie, à savoir les tribunes qui sont comme des loges de spectateurs, part de la roche où sont creusées les arcades et s'enfonce profondément dans la falaise. On peut voir des photos de Strauss, de Böhm, de Toscanini, dans ce lieu qui, progressivement, s'est équipé en lumières, en technique, en gradins… puis s'est doté d'un toit, lequel est ouvrant maintenant, d'une fosse d'orchestre… L'acoustique naturelle est surprenante, à mi-chemin entre église et théâtre, le plateau est très, très large, il n'y a pas de rideau. Certains metteurs en scène savent tirer parti de l'endroit – on le voit dès ce fameux *Don Giovanni* dirigé par Furtwängler et mis en scène par Herbert Graf en 1954 –, d'autres s'échinent à dissimuler sa structure si singulière. J'adore ce lieu nu. Et malgré la difficulté, j'ai tenu à le montrer tel quel dans deux spectacles hors normes, deux réalisations équestres créées avec Bartabas : chœur et orchestre à même la roche, répartis dans toutes les alvéoles comme une ruche au travail.

D'abord l'oratorio *Davide penitente* en 2015. Quand il le découvre, Bartabas aussi est bouleversé par le lieu. C'est l'espace, ses dimensions, son orientation, qui déterminent la chorégraphie équestre. Ici, la question s'est posée dès la première visite ensemble : « Où placer les chevaux, l'orchestre, le chœur ? » Le *Davide*, c'est un oratorio, donc quarante musiciens, quarante choristes, trois solistes…

Évidemment nous envisageons le partage du plateau, qui est immense. Chœur derrière, orchestre devant, solistes « dans le mur », chevaux à droite. Mais rien ne marche vraiment : trop serré, trop déséquilibré, trop banal, trop incommode. Je fais faire des calculs à mon tour : il y a trois étages d'arcades. Il faut répartir l'orchestre et le chœur dans ces alvéoles, ainsi les chevaux auront toute la scène.

Les obstacles techniques ne manquent pas : comment les interprètes vont-ils voir le chef à cette distance et, surtout, comment vont-ils s'entendre entre pupitres ? Dans ces arcades, il ne se passe généralement pas grand-chose. De temps en temps, bien sûr, quand l'action s'y prête, un effet, au lointain ; jamais une formation complète. L'idée fait son chemin. Pendant la première édition de la Mozartwoche dont j'assurais la direction, en 2013, *Lucio Silla* mis en scène par Marshall Pynkoski – dans les décors magiques d'Antoine Fontaine – ne nous donnait pas encore accès au manège. L'année d'après cependant, entre deux *Orfeo* de Gluck mis en scène par Ivan Alexandre à la Haus für Mozart, j'ai pu faire un test grandeur nature en conduisant Les Musiciens du Louvre et le Salzburger Bachchor avec les partitions du *Kyrie* et du *Gloria* de la *Messe en ut mineur* de Mozart, puisque le *Davide* est un remake de cette messe habillé d'un nouveau texte en italien.

Tout le monde s'installe donc, sans aucune aide acoustique. Miracle ! Je me place dans les rangs et les premières notes dirigées par mon assistant, ces quatre croches, d'abord deux liées puis deux autres comme rebondissantes, de l'introduction orchestrale du *Kyrie* sonnent large et… ensemble ! Comme si le mur lui-même unifiait la matière disséminée. La résonance vient du mur, de cette roche où sont accrochées les trois salles en enfilade : Haus für Mozart (ex-Kleines Festspielhaus), Felsenreitschule et Grosses Festspielhaus, « grand palais du festival » inauguré par Karajan en 1960. C'est encore à ce mur que s'adossent le couvent Saint-Pierre où la *Messe en ut* a été créée, la grande brasserie de la ville, la fameuse Peterskeller… C'est ce mur que traverse le tunnel qui permet au public de circuler en venant de Munich. Salzbourg tout entier s'accorde au *la* de sa falaise.

Avec le *Gloria*, mouvement beaucoup plus vif, ça se complique : les artistes ne s'entendent pas. Néanmoins, la décision est prise : ce son est un cadeau inespéré, nous annonçons avec Bartabas notre intention de monter le *Davide penitente* dans cette configuration. L'hiver suivant, après plusieurs semaines de répétition, vient enfin le moment du spectacle : Bartabas a fait recouvrir la scène de sable volcanique, et le miracle se reproduit, des chevaux pénètrent pour la première fois dans ce lieu depuis trois siècles. Scène bouleversante pour moi. Bien sûr, quand on ne pratique pas l'équitation, quand on ne fréquente pas ces animaux, on ne mesure peut-être pas tout à fait l'importance de ce qui se produit. Il faut imaginer leur respiration, leur robe qui s'anime dans les effets de lumière, leur pas assourdi par le sol meuble. On amène les chevaux par un couloir qui traverse la roche, avec leurs cavaliers à pied. Ils doivent gravir ensuite une passerelle en bois pour monter sur la scène. Ils frappent en cadence cette sorte de pont comme des percussionnistes délicats. L'inattendu devient naturel, le cadre reçoit le tableau pour lequel il a été conçu, le manège redevient manège.

En coulisse, rien n'est si simple évidemment. On rencontre des difficultés techniques et logistiques puisque l'aménagement de la Felsenreitschule a dû être homologué par la ville de Salzbourg et la direction du festival. Par exemple, on nous a d'abord demandé de jouer avec un mur de plexiglas tout le long de la scène pour éviter qu'un cheval fou qui aurait désarçonné son cavalier se précipite dans la salle et écrase tout le monde. Impensable, pour Bartabas comme pour moi, qu'un cavalier de Zingaro ou de Versailles perde ainsi le contrôle, qu'on le suggère est presque insultant. Derrière la fantaisie et la poésie de cet artiste, on devine une rigueur « germanique », un respect absolu de la tradition équestre. Adieu plexiglas : quelques filins en cuivre discrets suffiront.

Avec le recul, ce spectacle reste un instant de magie pure, et quand, avec Matthias Schulz, nous cherchons le dernier spectacle de mon mandat, nous optons pour le *Requiem* de Mozart – ouvrage que Bartabas voulait aborder depuis longtemps. Certains rares traditionalistes ont moins bien compris ce geste, les plus éloignés allant jusqu'à me désigner ironiquement sous le terme de *pferde Direktor* (« chef à cheval »). Mon modèle Nikolaus Harnoncourt a écrit une lettre au festival dans laquelle il demandait si nous ne commettions pas un blasphème. Pour moi, pas du tout. Le cheval est un être, une créature sacrée, un compagnon biblique pour Salomon, pour Naaman. Jésus est souvent représenté sur une monture, qu'il s'agisse d'une mule ou d'un petit cheval, saint Georges et saint Démétrius sont tous deux cavaliers… Sans dire que le *Requiem* emprunte ses visions à l'Apocalypse dont chevaux et cavaliers sont les terribles messagers. Bartabas a toujours « vu » cet ultime événement comme un rituel sacré. À la narration, il a toujours préféré la méditation. Le résultat parle de lui-même. On peut seulement regretter que le public touristique international n'ait pu profiter d'une reprise estivale.

Ce pari, en tout cas, a pu être réussi grâce au soutien implicite d'Helga Rabl-Stadler, la présidente du festival d'été, même si elle n'avait en principe pas d'influence sur la Mozartwoche. Le rôle du président, dans les institutions culturelles, est souvent honorifique. On voit passer des personnalités qui, pleines de bonnes intentions, dévouées, passionnées même, laissent des empreintes invisibles. Dans les festivals, les présidents comptent parfois davantage car ils sont plus directement liés aux institutions et aux actions locales. Mais je n'ai jamais connu présidente de festival plus impliquée, plus déterminante qu'Helga à Salzbourg. Une mère et une patronne, une diplomate et une guerrière, une jongleuse et une stratège qui a su à la fois seconder et canaliser des directeurs aussi intraitables que Gérard Mortier, Peter Ruzicka, Alexander Pereira ou Markus Hinterhäuser.

Dès ma première visite en 1996, pour préparer *L'Enlèvement au sérail*, je croise cette grande dame simple et franche, s'exprimant dans un français parfait. Tout de suite adopté par la représentante officielle de la « culture locale », je me suis aperçu que le monde était vaste pour ces hôtes prétendus conservateurs. Helga tutoyait Peter Sellars, s'enthousiasmait pour les jeunes créateurs et les inconnus arrivés de Barcelone ou de Bombay. Petit Français « spécialisé », j'aurais pu me sentir écrasé par l'Histoire et la Tradition : l'accueil chaleureux de la présidente a été une surprise et un réconfort précieux. C'est avec désespoir qu'elle a assisté, cinq ans plus tard, au naufrage grandiose de notre *Fledermaus*, et elle aura été une alliée fidèle de direction en direction, plaidant ma cause en cas de conflit, sans complaisance et toujours avec délicatesse. C'est avec son soutien, ainsi que celui d'Evamaria Wieser, la *casting direktor*, que le *Mitridate* anniversaire sera confié aux Musiciens du Louvre ; c'est sous son œil bienveillant que je serai nommé à la Mozartwoche – présidée quant à elle par un autre diplomate engagé, Johannes Honsig-Erlenburg. Ils me remettront tous les deux la médaille Mozart de la ville de Salzbourg, l'un des plus grands honneurs qui m'aient été accordés. Le discours d'Helga donné à cette occasion en janvier 2017 m'a saisi : être considéré comme un des « plus grands chefs mozartiens » par les gardiens du temple salzbourgeois, moi le « petit Français », est une reconnaissance dont je reste émerveillé encore aujourd'hui. Certaines personnes vous connaissent si bien « par nature » qu'elles n'ont pas besoin d'entrer dans votre intimité. Elles sont sur la même longueur d'onde et les notes circulent toutes seules, sans effort.

C'est d'Helga que j'ai appris à quoi sert une présidence. C'est à sa lumière que j'ai pu éclairer le travail commun avec la présidente de l'Opéra de Bordeaux, Laurence Dessertine.

L'encouragement et les apports très concrets des présidents Pascal Lamy, pour Les Musiciens du Louvre, qui vient de céder la place à Bernard Cazeneuve, ou Jacques Toubon, pour le festival Ré Majeure, sont déterminants. Dans les deux sens, d'ailleurs : un bon président vous ouvre les portes du paradis, un mauvais peut avoir la clef des enfers. Tout repose sur la confiance et la répartition harmonieuse des tâches. Rendre aux muses ce qui appartient aux muses, et au bureau ce qui appartient au bureau.

Le bureau ! Le conseil d'administration ! Le grand échangeur où se frôlent en klaxonnant plus ou moins fort les musiciens, les financeurs, les gestionnaires, les programmateurs, les politiques… Je revois la tête d'Alain Juppé quand j'avais suggéré, au tout début de notre collaboration, de prendre son adjoint à la Culture comme administrateur auprès de moi à l'Opéra. Le directeur général des services de l'époque voulait rendre mon arrivée, pourtant voulue par le maire, impossible… et refusait tous les candidats que je proposais. Cette idée absurde, changer un élu en fonctionnaire municipal, a en fait débloqué la situation. Le maire a enjoint à son subordonné de me laisser travailler. Il faut comprendre qu'à Bordeaux, j'ai dû collaborer avec le maire bien sûr, comme je travaillais à Grenoble de façon toujours constructive avec Michel Destot, mais aussi avec son directeur de cabinet, soutien solide, avec la présidente de l'Opéra, par ailleurs maire-adjointe de quartier, avec le directeur général des services et avec la directrice des Affaires culturelles… La hiérarchie et la négociation importent également dans un orchestre… mais à ce point ! Rien de comparable.

Un président avec qui j'ai eu peu de contacts mais dont j'admire la compétence, c'est Raymond Soubie, au Théâtre des Champs-Élysées, aujourd'hui admirablement dirigé et animé par Michel Franck et Baptiste Charroing. Comme Helga, une part de son autorité repose sur son ancienneté. Ni lui ni elle ne dirige la maison, mais leur ténacité bienveillante et protectrice a si bien nourri ces augustes institutions qu'elles se maintiennent toutes deux au firmament des temples « classiques » – secteur en grand danger depuis que nous avons changé de siècle.

Salzbourg aura été une boucle : Rolando Villazón m'a succédé alors que, pour mon premier *Lucio Silla*, c'est à lui que j'avais confié le rôle-titre. Rolando, de son côté, a tout de suite programmé un *Messie* de Haendel dans l'orchestration autrefois courante de Mozart. Encore une fois, j'ai hésité. Haendélien pour ainsi dire de naissance, j'ai dirigé une dizaine de ses opéras, beaucoup de concertos, motets, psaumes, odes, oratorios… mais longtemps évité *Le Messie*, qui me paraissait épuisé. Comme bassoniste, mes expériences n'étaient pas inoubliables.

Un jour, au milieu des années 1990, le photographe et réalisateur américain William Klein me propose d'enregistrer la « bande originale » d'un film qu'il prépare et dont le thème est précisément *Le Messie* de Haendel. N'ayant jamais dirigé l'ouvrage, je n'avais pas envie de commencer par un studio. Je lui dis : « Pourquoi ne demanderiez-vous pas à Simon Rattle ? ce serait plus original. » Il me répond : « Je le lui ai demandé ; Simon n'aime pas *Le Messie*, c'est lui qui m'a suggéré de m'adresser à vous. »

Le film est très fort. L'enregistrement en est le fil conducteur, mais il y a d'autres interprètes qui forment une galerie de portraits de figures iconiques américaines : une chorale de policiers, une autre de prisonniers – presque des bagnards –, un groupe vocal de Las Vegas, des prêcheurs évangélistes… Quant aux images, elles naviguent entre le studio ultra-léché où nous enregistrions six pieds sous terre, dans la salle Debussy à l'Opéra Bastille… et la vie, la rue, la galère, la nature, le sport, la folie, la mort… Plus qu'un film, une expérience, une secousse. Mais aussi une fête vocale avec Lynne Dawson, Magdalena Kožená, Charlotte Hellekant, Brian Asawa, John Mark Ainsley… à leur zénith.

Après le film, je ne suis revenu au *Messie* qu'une fois, avec les étudiants du conservatoire, ceux du pôle supérieur de Bordeaux, le chœur Java (Jeune Académie vocale d'Aquitaine), dont je suis président d'honneur, et quelques membres de l'Opéra. C'est une œuvre qui parle à tous et qui réunit très simplement les artistes de tous horizons.

L'arrangement de Mozart, je ne le connaissais que par le disque. Nous avions déjà abordé l'*Ode à sainte Cécile* et *Acis et Galatée* de Haendel arrangés à la même époque par Mozart pour une société viennoise que dirigeait le baron van Swieten, l'un des fondateurs du mouvement « pour la musique ancienne », grand franc-maçon par ailleurs... au XVIIIe siècle. Mozart ajoute des flûtes, des clarinettes, des bassons, des cors, un orchestre moderne en somme, à une partition que Haendel destinait à de modestes troupes irlandaises, très légères à l'origine. Le texte anglais est traduit en allemand, l'œuvre s'en trouve profondément modifiée.

Après quelques réticences, c'est en l'interprétant que je comprendrai la vraie portée de cette version de Mozart. Il m'est impossible de dire aujourd'hui si l'une est meilleure que l'autre, même si celle de Haendel a toute ma tendresse. Ce sont deux univers, deux œuvres à part entière.

Voilà que notre déambulation dans les couloirs de toutes ces maisons me conduit à Bob Wilson. J'ai toujours été curieux, même dans la douleur, toujours volontaire pour prendre part à des aventures théâtrales très différentes. Aurais-je eu seul cette idée de collaborer avec Bob Wilson ? Je ne sais pas. Des années plus tôt, j'avais vu *Pelléas* selon Wilson à Salzbourg, avec Sylvain Cambreling à la baguette et Dawn Upshaw (mon Ilia d'*Idoménée* de 1997), qui avait aussi incarné, si l'on peut dire, l'ange du *François d'Assise*. J'avais été hypnotisé par cette rigueur formelle qui permettait à chaque mot, à chaque évocation – l'ombre, les cheveux, la bague, les yeux – de vibrer dans la lumière comme autant d'instruments de musique. Un immense tableau animé, anti-psychologique, irréaliste, à contre-mode.

Certains de ceux qui avaient travaillé avec lui m'avaient décrit un personnage distant, difficile, dans son monde, peu attentif à ses partenaires. Je savais pourtant que sa vision partait de loin et perçait la matière. Jean-Pierre Brossmann était un de ses proches et lui confiait beaucoup de titres inattendus – le *Ring* de Wagner, par exemple – et en parlait avec chaleur, au contraire. Ces artistes révérés comme des icônes paient souvent cher leur statut. Déifiés, ils sont congelés de leur vivant dans un au-delà éthéré où ils paraissent inhumains.

Un an avant les répétitions, nous avons rendez-vous à Salzbourg avec les équipes de la Mozartwoche et ses propres collaborateurs. Rencontre qui relève, comme souvent en pareil cas, de l'apprivoisement réciproque. À peu près rien ne se passe. Bob travaille la plupart du temps dans un cercle « autoproduit », loin des institutions avec lesquelles il collabore. En dépit des apparences, rien n'est académique, tout part de l'intuition, de la sensibilité, avant que des équipes certes pléthoriques prennent le relais. Un co-metteur en scène, un chef des lumières, des costumes, du maquillage, des décors, sont autant de soldats d'une armée créatrice.

Puis nous entrons dans la salle de répétition, d'abord sans lui, puis avec lui. Au début, il semble presque considérer la musique un peu comme un accessoire : ce n'est pas un problème pour lui. Quand les chanteurs arrivent, il les place de profil, de face, de trois quarts, avec un soin méticuleux, en prenant tout le temps nécessaire, parfois des heures, un regard, une flexion du genou, la vitesse d'un geste. Pendant cette période, l'apprivoisement continue en douceur. Bob est toujours accompagné de Max Koltai, son attaché ou assistant au sourire désarmant. Beaucoup de ses étudiants de Long Island font partie de l'équipe, comme les disciples de Sénèque dans

Le Couronnement de Poppée. Il y a du gourou en lui, ça, tout le monde le sait.

Je lui parle de Jessye Norman, parce qu'ils ont beaucoup travaillé ensemble. J'évoque cette *Didon* de Purcell que nous avons montée pour les adieux de Jean-Pierre Brossmann à Paris, son dernier opéra en France. Elle avait été très exigeante et difficile, mais l'échange était sans barrière, d'une générosité complète. Alors Bob, quatre-vingts ans, statue du commandeur inflexible et inamovible, jette son manteau de marbre et raconte « sa » Jessye, son agonie, sa solitude extrême, le 11 septembre 2001 à Paris, quand il répétait avec elle *Le Voyage d'hiver* au Châtelet justement. Tandis qu'il feuillette en pensées ses Mémoires, je vois des larmes se profiler. Nos grands disparus auront toujours le pouvoir de rapprocher les survivants.

Cet échange a orienté notre travail et ma façon de l'envisager : l'émotion que la musique porte par essence s'est libérée dans la salle de répétition. Quand nous sommes allés dîner au Peterskeller, nous avons parlé de ses origines texanes, de son éducation dans un milieu assez simple, *rough* dit-il, de la route inattendue qu'il avait prise, des enfants qu'il avait adoptés. D'un homme.

Ensuite tout était plus simple. L'oratorio n'est pourtant pas le genre le plus « simple » à porter en scène. Surtout *Le Messie* qui n'est pas un « opéra sacré » mais un collage de versets prophétiques sans personnage, sans histoire à proprement parler. En répétition, je quittais parfois le pupitre pour venir m'asseoir dans la salle, non loin de lui… Malgré son armada en ébullition, notre complicité s'est affermie. Une complicité avec le metteur en scène que tous les musiciens ne cherchent pas nécessairement, mais qui m'importe depuis toujours et sans laquelle je me sens égaré.

Pour un chef d'orchestre, les répétitions dites « scène-piano » sont une épreuve. Ces longues séances de travail appartiennent au metteur en scène et leur déroulement reste imprévisible selon que le spectacle est préparé ou improvisé, clair ou codé, individuel ou collectif, accueillant ou hostile aux interprètes, à la musique, à l'ouvrage même. Le chef ne s'exprime pas ou peu, mais aide à la mise en place technique des enchaînements, des placements. J'ai toujours considéré que mon rôle m'obligeait, que je devais participer, intégrer l'équipe dès le début, car mise en scène et « mise en son » aboutissent à un seul spectacle. Quand arrivent les « scène-orchestre », tout s'inverse, le travail du metteur en scène est supposément terminé ; il n'a en théorie plus rien à dire, mais je me suis toujours efforcé de le prendre en compte, de « finir » avec – et non sans, voire contre – lui. Pour notre *Messie*, j'ai donné tout le temps que je pouvais afin que Bob puisse faire des modifications, apporter telle nuance inspirée par la musique. Les spectacles de Bob sont comme des croquis raturés, froissés, simplifiés, pour parvenir à une vérité qui doit nous paraître à tous évidente sans perdre son mystère, sans briser son propre silence. Dans l'idéal, le soir de la première, nous ne devons plus faire qu'un.

Après la première, Rolando Villazón, nouveau directeur de la Mozartwoche, donc, a prononcé un discours remarquable sur le sens de ce que nous faisions, sur l'esprit, sur l'importance de garder comme un « trésor public » les œuvres que l'Histoire nous a transmises, sur le rôle de l'esprit dans un art presque entièrement sécularisé, du moins en Occident, sur *Le Messie*. Quand Bob a pris la parole, il... s'est tu. Sa langue à lui, c'est le silence. Dans le tohu-bohu, pour se faire comprendre, il faut tout répéter cent fois. Dans le silence, un mot suffit.

Neuf minutes de silence. Son habitude, me dit-on.

Puis des compliments qui ne peuvent que me toucher, à propos des images que nous avons trouvées ensemble, de la lumière qui montait de la fosse, de l'espace qui s'était ouvert...

Se laisser attendrir par l'hommage d'un homme si écouté me fera prendre pour le corbeau sur son arbre perché. Tant pis. Avec nos airs de dictateur et nos baguettes magiques, nous sommes si souvent bousculés, contestés, ignorés, dans les bureaux, dans les couloirs des ministères, dans les dédales du pouvoir, dans les journaux parfois, sur les réseaux sociaux. Quelques grammes de douceur, je l'avoue, m'apaisent et me donnent la force de recommencer, de revenir le lendemain pour mieux faire.

À Zurich, Alexander Pereira m'a aussi donné cette confiance. Son premier coup de téléphone se terminait par : « Voici le numéro de Cecilia Bartoli. » Ce n'était pas sur un arbre, c'était sur un nuage perché. L'Opernhaus Zürich ressemble de loin à notre salle Favart mais son fonctionnement n'a aucun rapport. C'est un théâtre de répertoire à la viennoise. Il y a une troupe, un ballet, six spectacles par semaine – dont les décors s'entassent parfois jusque dans la rue parce qu'en réalité, les dégagements sont très petits. J'ai beaucoup appris à Zurich. Après le *Trionfo del Tempo* nous avons vu naître la Cléopâtre de Cecilia dans un *Giulio Cesare* où étaient aussi Franco Fagioli, Anna Bonitatibus, Charlotte Hellekant... Zurich, quoi ! J'y ai monté *Agrippina* et *La Favorite* pour Vesselina Kasarova, repris le *Fidelio* d'Harnoncourt avec Jonas Kaufmann, tout feu, tout flamme : on ne fait pas moins suisse que la Suisse.

Continuons le voyage. Amsterdam. La porte à côté. J'ai beaucoup fréquenté le Concertgebouw dans le public ou en tournée avec des ensembles dont j'étais bassoniste, avant d'y connaître des minutes euphoriques. Même si la salle est immense, le public est quasi sur vos genoux. De part et d'autre, les auditeurs ressemblent à des raisins sur une grappe, prêts à être dévorés, tandis que le carré du parterre suit une implacable simplicité. L'entrée du chef se fait en descendant des escaliers, comme dans un show de Las Vegas ou comme dans une maison amstellodamoise, selon les jours. Ou comme au temple : il faut du temps pour gagner le podium, regarder où on met les pieds, faire attention. Sur ce plateau, on a un peu de mal à s'entendre à cause d'une réverbération importante qui demande une certaine habitude. Je n'ai jamais dirigé l'orchestre maison, l'une des plus belles formations symphoniques du monde, notamment pour Mahler qui est, avec Bach, leur boussole depuis le règne long et finalement tragique de Willem Mengelberg. Mais Les Musiciens du Louvre y ont toujours été magnifiquement accueillis. Nous y avons donné en concert un *Ariodante* dont heureusement il reste une trace enregistrée, y compris de l'atmosphère et des réactions du public digne d'un spectacle de pop : quelle joie quand cette musique est reçue pour ce qu'elle est, actuelle car éternelle. Nous avons aussi aimé y donner l'*Armide* de Gluck à l'époque de l'enregistrement. Tous les deux ans, parfois tous les ans, nous y revenions. Et je n'y ai qu'un souvenir fâcheux.

En 1994, alors que je découvrais le métier de chef invité, le directeur du Festival de Hollande me propose de diriger *L'Orfeo*. Monteverdi ? Merveilleux ! Monteverdi, oui, mais arrangé par le compositeur et chef Bruno Maderna, fer de lance de l'avant-garde italienne entre Luigi Nono et Luciano Berio. Monteverdi a toujours attiré les « arrangeurs », Vincent d'Indy s'y est frotté, Philippe Boesmans, Dallapiccola, Berio justement… J'aurais dû comprendre tout de suite que cette translation de Mantoue à Darmstadt n'était pas pour moi. Hélas ! ma nature me pousse parfois vers le danger. J'ai peur trop tard, cela m'a joué assez de tours. *L'Orfeo* n'était pas un inconnu, le Philharmonique de

Rotterdam et moi entretenions d'excellentes relations… il fallait essayer. Mais *Orfeo* n'est pas *Poppea*. Monteverdi a instrumenté sa *favola* avec une minutie infaillible. Face à lui, Maderna évoque moins Boulez que Viollet-le-Duc. Il fallait n'importe qui pour sauver son navire néogothique, sauf un amoureux de l'orgue en bois et du cornet à bouquin. J'étais là, écartelé entre mon souci du texte et l'appel du gouffre orchestral. Je cherchais le ciel, la danse, et la partition criait la terre, la masse. J'étais… paumé. Le malheureux orchestre ne l'était pas moins – eux-mêmes voulaient accompagner les chanteurs dans le style de Monteverdi, tandis que moi, j'essayais de m'en tenir aux notes, aux nuances, aux effets de Maderna. L'air « Possente spirto », avec ses longues tenues et ses fusées de violons, s'était vu affubler de guitares modernes, la partie de clavecin comme celle de violoncelle étaient imposées au lieu d'être improvisées… La soirée n'a été que course aveugle et incertitude. Fin de ma collaboration avec le Rotterdam !

Je le redis à haute voix, moins à moi-même qu'aux jeunes chefs : attention à ne pas se tromper de répertoire. À soixante-dix ans, on vous pardonnera tout ; à trente, rien.

Si le Concertgebouw est un mythe, que dire de la Philharmonie de Berlin. Là on ne rit plus. C'est LA salle, le modèle. Les débuts n'ont pas été simples. En 2003, Simon Rattle m'invite à diriger « son » orchestre. Programme 100 % français pour commencer. J'y vais avec beaucoup d'excitation et une confiance relative : diriger l'orchestre que tout chef rêve de conduire un jour, celui du coffret doré Karajan reçu pour mon anniversaire, quelle consécration… quel stress ! *Symphonie en ut* de Bizet, *Requiem* de Fauré dans sa version originale, et *Les Éléments* de Rebel, poème symphonique contemporain de Rameau, œuvre spectaculaire qui décrit l'organisation cosmique de l'air, de la terre, du feu et de l'eau partant d'un chaos « atonal »… La diversité et la complexité de cette longue suite orchestrale éloignée en tout du style et de la culture de l'orchestre instauraient un drôle de climat – maîtres du monde, ils ne se sentaient pas maîtres des *Éléments*. L'orchestre avait pourtant déjà joué l'œuvre, avec Hans Rosbaud, le chef de la *Platée* et de Mozart géniaux d'Aix-en-Provence… mais dans les années 1950. À moi de les convaincre. Beaucoup de collègues venus de la sphère baroque, Harnoncourt ou Christie par exemple, sont de vrais pédagogues : ils enseignent en même temps qu'ils répètent. Ce que je ne fais pas volontiers, sauf pour des étudiants. Je pense qu'ils attendaient plus de « règles » sûres, de traités clairs, et qu'ils ont été un peu déçus. Ils restaient les Philharmoniker en villégiature au pays de Rebel. Bizet et Fauré sont passés avec plus de naturel, dans une entente polie mais pour un résultat vraiment superbe. Les trois concerts étaient de francs succès. Grâce à cette salle notamment, cette caisse de violoncelle géante et si bien sonnante que de toute manière le pur plaisir sonore l'emportera sur la frustration. L'occasion suivante nous donnera plus de temps pour approfondir, nous nous connaîtrons mieux…

Pour l'heure, nous restons chez Karajan, chez Abbado. À la Philharmonie de Berlin, Daniel Barenboim, Simon Rattle, Yannick Nézet Séguin, Christian Thielemann, Gustavo Dudamel se sentent chez eux. Je ne suis qu'un convive, parmi d'autres.

Près de vingt ans plus tard, le fil berlinois s'est renoué : l'orchestre m'a confié une semaine sa Karajan-Akademie, groupe de jeunes musiciens exceptionnels qui viennent isolément pour participer à des stages, des périodes d'essai, avant d'être très hypothétiquement – admis aux Philharmoniker. Le vivier s'est toutefois étoffé au point que l'académie est devenue une petite phalange en soi, sans lien nécessaire avec les « grands ». Le concert (Haydn, Mozart et Schubert) s'est assez bien déroulé pour que les Philharmoniker *new generation* m'invitent de nouveau. Ni coup d'archet Muffat, ni leçon de choses, ni ballet baroque : notre troisième rencontre aura été la bonne, il y a deux ans, autour des *Créatures de Prométhée*, ce ballet de Beethoven si rarement donné intégralement. Ils avaient l'air soulagés… Pas tant que moi !

Certaines maisons enfin se distinguent moins par leurs artistes que par elles-mêmes et leur histoire.

C'est le cas du Theater an der Wien : lieu de résidence de Beethoven où il a créé la *Symphonie Héroïque* et *Fidelio*, que j'ai eu la chance de diriger sur place. Avec Olivier Py, nous y avons monté *Hamlet*, d'Ambroise Thomas, et *Le Vaisseau fantôme*. C'est un théâtre caché, dont la façade latérale et oubliée a fait place à une entrée rudimentaire sur le Linke Wienzeile. À l'intérieur, impressions de velours et de bois au service du spectacle.

Remontons plus au nord. Le Théâtre royal de Drottningholm est quant à lui entré dans la légende quand Ingmar Bergman en est tombé amoureux après en avoir franchi le seuil pour la première fois : il y a tourné une partie de sa *Flûte enchantée*. Le théâtre est une petite « boîte à chaussures » tout en bois, construit pour la reine Lovisa Ulrika et fermé en 1792 après la mort du roi Gustav III, devenu entrepôt à proximité du château de la *Drottning* (la reine) jusqu'à sa redécouverte en 1921. Comme la Belle au bois dormant, la scène avait conservé ses peintures, ses décors, toute sa machinerie historique – y compris la machine à vent et la machine à tonnerre qui attirent aujourd'hui musiciens et touristes par milliers.

Avant que Sofi Lerström, qui a été la secrétaire particulière de Bergman, justement, ne prenne la direction d'un festival d'été, le lieu a traversé une longue hibernation, malgré quelques tentatives de réanimation. J'ai même vu les décors originaux se dégrader loin du théâtre : fragiles, ils étaient trop exposés aux intempéries.

Quand Sofi Lerström me donne carte blanche pour un projet, nous envisageons d'abord une tragédie lyrique française de Campra ou de Rameau. Mais très vite l'idée d'une trilogie « Mozart-Da Ponte » s'impose. C'est un de mes rêves, Drottningholm est garant d'une grande tradition mozartienne, et le metteur en scène Ivan Alexandre y travaille depuis de longues années – c'est lui qui a établi un lien entre les trois ouvrages en suivant le même caractère, le « libertin » du XVIIIe siècle, contemporain de Casanova, Sade ou… Beaumarchais, et qui se nommerait Cherubino à l'adolescence (*Le Nozze di Figaro*), Don Giovanni à l'âge adulte, enfin Don Alfonso sur ses vieux jours (*Così fan tutte*). De quoi faire une chose merveilleuse et lisible de ces œuvres parfois tant représentées qu'il arrive qu'on finisse par ne plus vouloir les comprendre. Il fallait toute la liberté de cette Scandinave à la fois délicate et entêtée qu'est Sofi pour se lancer dans une aventure de cette ampleur : occuper le théâtre trois années durant sans recourir une seule fois à ses fameux décors et machines.

Antoine Fontaine, le complice d'Ivan Alexandre pour les décors d'*Hippolyte et Aricie*, fin connaisseur du théâtre baroque mais aussi du cinéma (il a notamment collaboré au *Vatel* de Roland Joffé, à *L'Anglaise et le Duc* d'Éric Rohmer, à la *Marie-Antoinette* de Sofia Coppola), prendra en charge décors et costumes. Ensemble, ils vont concevoir un triptyque d'une grande simplicité et d'une redoutable efficacité : trois pièces dans un décor unique, si l'on veut, qui évolue sans cesse et change de couleur à chaque titre. Trois étés de suite, nous donnerons ces ouvrages l'un après l'autre en Suède, avec une équipe de chanteurs où les surprises rejoignent les habitués. C'est un lieu magique, un théâtre miniature dont l'orchestre n'est pas en fosse mais sur les genoux du public ou presque.

Laurent Brunner, le directeur de Château de Versailles Spectacles, s'emballe lui aussi pour le projet et l'accueille dans cet autre théâtre historique, contemporain quoique plus vaste et très différent de Drottningholm. Chaque saison de 2015 à 2017, nous reprendrons donc notre trilogie à l'Opéra royal de Versailles, avec Les Musiciens du Louvre cette fois. Le spectacle ainsi déployé dans le temps gagne en profondeur, mais aussi en notoriété : succès public et critique, il voyagera ensuite sous la forme initialement rêvée : trois titres en trois jours. Un exploit technique, musical, vocal dont les témoins ne se doutent pas, rendu possible notamment grâce à l'engagement de mon assistant, le talentueux Romain Dumas. À l'heure où nous parlons, Barcelone et Bordeaux ont vécu cette aventure, Versailles se prépare.

En trente ans de complicité, j'ai beaucoup reçu et beaucoup vu par l'œil « dramatique » d'Ivan Alexandre. Beaucoup élargi mon champ de vision aussi : c'est lui qui m'a fait découvrir le *Trionfo del Tempo* de Haendel en 1987. Il a ouvert des voies, posé des garde-fous, tracé une voie à la fois royale et ferrée pour moi, pour mes choix. C'est un apport précieux. Une fois encore, un chef d'orchestre se retrouve très souvent isolé dans ses choix, dans sa carrière. Il doit assumer des responsabilités sans recul, le plus souvent sans « écho ». C'est un métier paradoxal : en contact physique et permanent avec des centaines de personnes, mais essentiellement solitaire. Le regard d'Ivan Alexandre est donc irremplaçable. À mes côtés, longtemps dans l'ombre, ce puits de science et de sensibilité passe des heures à concevoir ses spectacles et à honorer tous ses engagements, de manière extrêmement travaillée mais non sans spontanéité, mariage du charbon instinctif et de la cheminée élaborée. Sur toutes ces années de bonheur, de chances, de rencontres, d'opportunités, il y aura toujours eu cette difficulté d'être le complice de travail et de vie d'un journaliste, ce qui n'est pas toujours bien perçu par la profession et est à l'origine de malentendus considérables. Jamais un article sur mon travail, sur les œuvres ou sur les musiciens qui pourraient avoir un rapport avec mon activité. Je crois même qu'il n'a pas donné d'avis sur un spectacle depuis plus de quinze ans. Au contraire : il adopte une prudence presque excessive quand il s'agit de confrères (de toute façon, le critique le plus terrible n'égalera jamais en cruauté ce que les artistes racontent les uns sur les autres). Et Ivan, qui a fait tous ses premiers spectacles sans moi, très loin même, jusqu'en Argentine, a travaillé avec de nombreux(ses) chef(fe)s. Mais la vie et la plume n'ont jamais fait un ménage pacifique. C'est comme ça.

Heureusement, puisque j'évoque la presse, je bénéficie du soutien et de l'amitié de Valérie Samuel, véritable papesse des relations médias dans la musique classique et le théâtre, infatigable protectrice depuis toujours, bouclier et sœur recueillant les confidences sur les batailles à mener, les enthousiasmes, les projets, toujours à l'écoute, toujours de bon conseil, et quelle ambassadrice ! Elle connaît par cœur ces journalistes dont beaucoup sont au demeurant de vrais amoureux des arts à la sensibilité raffinée, qui la respectent pour ce qu'elle est. Elle m'aura d'ailleurs accompagné en bien des lieux que j'évoque dans ce chapitre qui se conclut maintenant avec deux d'entre eux, majeurs pour moi.

Versailles, ainsi, compte beaucoup. En dépit de sa taille humaine et de ses murs en bois, l'Opéra royal est une salle impressionnante. Pour l'anecdote, pendant la « générale » de *Don Giovanni*, je suis presque passé à travers le plancher du plateau, il a fallu faire venir les pompiers, heureusement nombreux et très compétents au château, pour me sortir de là. C'est un monument historique ! Mais ce n'est pas le sujet ; le décorum, et le poids de l'Histoire avec un *H* grand comme le trône non plus. (Souvenir entre parenthèses : ma première participation aux Arts florissants, nous jouons… *Les Arts florissants* de Charpentier mis en scène par Jorge Lavelli pour le sommet des chefs d'État invités par François Mitterrand fraîchement élu, en 1982 ; dans le public, Margaret Thatcher, Ronald Reagan, Mikhaïl Gorbatchev… et je ne vois que la colonnade bleu et or !). Non, la salle est complexe car contradictoire : intime et gigantesque, notamment sur l'immense plateau : sonore mais sec ; présent mais peu dynamique ; coloré mais aisément dispersé. Depuis sa rénovation, elle se révèle cependant toujours plus adaptée et nous l'avons ressenti dès le gala commandé aux Musiciens du Louvre pour la réouverture en 2013.

Que de souvenirs merveilleux ici : la réouverture en 1992 avec *Armide* de Gluck mis en scène par Pier Luigi Pizzi, l'enregistrement en concert d'*Hippolyte et Aricie*, celui de *Harold en Italie* avec Antoine Tamestit, celui de la *Nouvelle symphonie* de Rameau par temps de Covid, *L'Europe galante* de Campra, *Ragonde* de Mouret, *Titon et l'Aurore* de Mondonville, *La Périchole*, *Le Bourgeois gentilhomme*, la trilogie Da Ponte, j'en oublie. Laurent Brunner accomplit des prodiges, et une salle… c'est aussi celui qui l'anime, qui lui donne son âme. Grâce à lui, pour nous, musiciens indépendants lancés à la conquête de notre patrimoine, Versailles est une capitale.

Retour à l'autre capitale pour finir. À Paris, ville natale, celle des premiers pas, des premières délices. Je lui dois quelques heures fabuleuses. L'Opéra-Comique, je l'ai dit : le centenaire de *Pelléas*, le délire de notre *Chauve-souris* française, le charme infini de *Mârouf*, de *Manon*, et de tant d'autres… mes souvenirs de spectateur. De toutes les salles parisiennes la moins intimidante, la plus… affectueuse, avec sans doute le Théâtre des Champs-Élysées, lieu de ma première sortie au concert avec les Musigrains, d'une *Didon et Énée* avec le chorégraphe Mark

Morris, d'un *Titon et l'Aurore* et, plus récemment, de la reprise du *Messie* salzbourgeois avec Bob Wilson.

Le Châtelet, synonyme pour moi d'Offenbach, de l'ivresse où nous plongeaient, avec Laurent Pelly, Laura Scozzi, Felicity Lott, ces soirées magnétiques mais aussi d'une expérience fondatrice d'instrumentiste : Jean-Albert Cartier et ses semaines baroques, une dizaine de concerts enchaînés soir après soir dans toutes les formations baroques présentes. La salle est aussi riche de son rang de haut lieu de la meilleure opérette, je pense à *L'Auberge du Cheval-Blanc* dirigée par mon mentor Jean-Claude Casadesus. Le Châtelet se prête aussi à merveille à la musique d'aujourd'hui : *El Niño* de John Adams, mis en scène par Peter Sellars, reste un souvenir marquant. Au Châtelet, comment ne pas mentionner notre production de *Die Feen* (*Les Fées*), de Wagner, premier opéra de l'auteur du *Ring*, d'après Gozzi, si rarement donné ; émotion intense pour les grands mélomanes wagnériens. Le Palais Garnier, monumental, moins amical mais chaleureux, jamais avare de surprises – découvrir chaque fois un escalier, une porte, un hublot, comme s'il avait été reconstruit à chaque visite, presque pour chaque visiteur. L'Opéra Bastille ? Ambitieux, peut-être nécessaire, mais inhumain. Pas tant la taille, j'ai dirigé dans de plus grandes salles, et chaque fois que j'entre au Metropolitan de New York, quel régal ! Quel géant sympathique ! À Bastille, le petit géant vous lorgne d'un œil absent. En tout cas manque de veine : *Idoménée*, *La Flûte enchantée*... je n'y ai dirigé jusqu'à présent que Mozart, qui n'est pourtant pas son genre de beauté.

N'importe. La plupart des gens imaginent que Vienne, Berlin, New York ou même Londres sont des villes-musique bien plus importantes que Paris. Ils se trompent. En nombre de places offertes à la musique chaque soir, Paris règne fièrement. L'Opéra national compte deux grandes salles et plusieurs petites.

Le Châtelet a un potentiel exceptionnel. Il y a l'Opéra-Comique, le Théâtre des Champs-Élysées. Du théâtre musical aux Bouffes du Nord, à l'Athénée – bijoux de poésie et… d'acoustique. Que dire du Cirque d'hiver, qui doit absolument accueillir de nouveau des orchestres classiques, ou de la salle de l'ancien conservatoire où Berlioz a créé toutes ses œuvres, où les symphonies de Beethoven ont été données en France pour la première fois… Il faut ajouter la Philharmonie et ses auditoriums multiples, la salle Gaveau, la salle Cortot où mon camarade Jérôme Pernoo transforme la musique de chambre en spectacle total. Je suis plutôt d'accord avec Yves Montand : « Les ennuis, y en a pas qu'à Paris / Y en a dans l'monde entier / Oui, mais dans l'monde entier / Y a pas partout Paris. »

9

MAISON NEUVE

Programmer et produire à Salzbourg se révélait une telle joie que trouver une maison qui serait la mienne par la suite, au moins pour un temps, était un désir qui continuait de m'habiter. Aussi, quand le poste de Thierry Fouquet, directeur général de l'Opéra national de Bordeaux, se libère, je tends l'oreille. La maison ne m'était pas inconnue. J'y avais dirigé notre *Platée* avec Laurent Pelly dans les années 1990, et je me souviens de l'émotion ressentie devant ces escaliers, ce fer forgé, cette pierre blonde et solaire qui orne tous les espaces publics, cette acoustique, ces proportions, cette intimité. La salle bleu et or ressemble un peu à l'Opéra royal de Versailles, d'ailleurs contemporaine. Après une campagne de travaux, elle a retrouvé le charme et la vie de 1780. C'est un endroit authentique. Le vestibule, qui a servi de modèle à Charles Garnier pour celui de Paris, les colonnes, les couloirs vous parlent – vous entendez leur voix. Et puis l'atmosphère de ces péristyles qui entourent tout le bâtiment, par lesquels on accède notamment à l'entrée des artistes, avec leurs grilles, me rappelle le Palais-Royal de mon enfance… et pour cause, leur conception est l'œuvre de Victor Louis, brillant architecte et franc-maçon lumineux. Bref, quand j'entends parler de l'appel à candidatures pour diriger Bordeaux, évidemment, j'étudie.

Je découvre alors que la maison a été en quelque sorte multipliée par deux, avec la création d'un auditorium que je ne connaissais pas. Je m'aperçois aussi que la Nouvelle-Aquitaine embrasse Bordeaux et… Ré. Intéressant. D'une certaine manière, je travaille déjà dans la région. Avant de présenter ma candidature, je me rends à un concert de musique de chambre avec des solistes de l'orchestre : quelle chance, pour une maison d'opéra, de disposer de deux scènes comme celles-ci ! Quelle tâche captivante d'animer deux salles si différentes, si complémentaires et si confortables – physiquement, acoustiquement.

Tristan et Isolde dirigé par Paul Daniel, que je vais voir dans la mise en scène de Giuseppe Frigeni, plus connu comme assistant de Bob Wilson, me transporte. La fosse d'orchestre de l'auditorium sonne merveilleusement. Tout est à la fois plein, uni, détaillé, équilibré. Il y a quelque chose de « bayreuthien » dans cette enveloppe sonore. L'orchestre a la même présence que s'il était sur scène, avec un léger recul dynamique qui ajoute au mystère… Quel outil !

Au Grand Théâtre, les *Dialogues des carmélites* de Poulenc mis en scène par ma grande amie Mireille Delunsch, et *Dardanus* de Rameau par Michel Fau et dirigé par Raphaël Pichon, mon jeune confrère en résidence, confirment le trésor qu'est ce lieu rare. Mon désir doit maintenant se changer en cet exercice beaucoup moins poétique : la candidature.

L'organigramme dont je prends connaissance me rappelle ce que je savais naturellement : il faudra renoncer à la liberté, à l'agilité que j'ai pu connaître à Salzbourg. Avec ses presque quatre cents collaborateurs, Bordeaux est une institution bien plus complexe, une machine bien plus lourde, mais aussi l'un des premiers opéras de France après Paris.

Question : réaliser ce rêve de faire vivre une telle maison, d'y rencontrer quotidiennement le public, d'y faire venir des artistes encore inconnus, d'ouvrir des horizons à d'autres déjà illustres, d'élargir le répertoire en prenant soin du patrimoine qui m'est si cher… cet accomplissement vaut-il la peine de renoncer à la liberté dont je jouis jusqu'à maintenant ? Les équipes artistiques et techniques sont de tout premier ordre, les équipements somptueux, la ville magnifique, la région accueillante… Difficile de refuser cette proposition : malgré la présence d'un directeur musical de l'orchestre et d'un chef baroque en résidence, je pense pouvoir y trouver ma place. Comme à Favart, je dessine donc un projet, chiffré, organisé. Période difficile – lorsque j'évoque ce processus à des collègues allemands ou anglais, ils me racontent que chez eux tout est plus simple et plus léger. Quand un artiste ou un manager reconnu manifeste de l'intérêt pour un poste de ce type, on regarde ce qu'il a fait, on sait ce qu'il vaut, on ne lui demande pas un tel pavé, d'ailleurs théorique et artificiel, que je rédige cependant avec vaillance avec l'appui de mon ami Antoine Boulay. En cette occasion comme en tant d'autres, l'aide d'Édouard Brault, faite d'énergie, de bienveillance et de conseils utiles, aura également été précieuse pendant ces jours pénibles. Bref !

Je me plie à l'exercice et rencontre Alain Juppé au tout début du processus. On ne se connaît pas, il me reçoit à son bureau de campagne en pleines primaires de son parti Les Républicains, rue de l'Université (il ne rejoindra le boulevard Raspail que plus tard). À l'époque, tout le monde l'annonce comme le futur président de la République. Le personnage a la réputation d'un grand administrateur froid – « le meilleur d'entre nous », disait Jacques Chirac. Je rencontre au contraire une personne directe, simple, très claire, dont émane une sympathique honnêteté. Le candidat Juppé, maire de Bordeaux, ne peut évidemment pas décider seul de ma nomination (il partage la décision avec la Région Nouvelle-Aquitaine et le ministère de la Culture), même s'il a le dernier mot en tant que premier financeur. La procédure importe donc, mais je sens une réelle envie de travailler avec moi. Une certaine confiance s'établit tout de suite : « Votre candidature m'intéresse beaucoup », loin des calculs politiques et des vexations administratives que j'ai subies dans d'autres circonstances.

Malgré les tracas prévisibles, je sors donc de ce premier entretien avec des ailes. À la différence de l'Opéra-Comique, où l'État cultive le secret-défense et le même genre de procédure interminable pour finalement régler les affaires entre potes, j'ai tout de suite un entretien avec la présidente de l'Opéra, Laurence Dessertine. Le devoir de réserve n'empêche pas de sentir une harmonie, une bienveillance quasi maternelle chez cette femme qui me parle de son mari Philippe, sa référence en matière de musique, économiste bien connu des experts et des médias, grand mélomane par ailleurs.

Quelques mois avant l'audition commence la campagne habituelle du « il paraît que », « on m'a dit que », « vous savez que », « il n'a aucune chance », « il paraît qu'Untel va se présenter », « Unetelle a un dossier en or », « tel autre a l'aval du ministère », « un troisième encore arriverait avec un chariot de mécénat »... Les journaux s'y mettent, avec leurs têtes à eux, leurs désirs habillés en pronostics. On parle surtout d'autres administrateurs de carrière, peu d'artistes.

Notre dossier tient bon. Il est à la fois fort et réaliste, neuf et respectueux, complet, étayé, selon les amis, professionnels compétents, à qui je le soumets : Jacques Toubon, Jackie Marchand, Jean-Paul Cluzel, Olivier Py.

Il reste qu'après trente ans de métier une telle procédure m'expose et m'inquiète comme un adolescent au baccalauréat. À Salzbourg, personne ne m'avait demandé de me vendre par formulaire interposé. Ce rituel de recrutement a quelque chose d'humiliant qui ne me semble pas très efficace. Les institutions culturelles du pays dissuadent beaucoup d'excellents candidats en leur faisant subir ce genre de bizutage.

Arrive l'entretien, avec une dizaine de personnes rassemblées autour d'une immense table vitrée noire. Le *big boss*, Alain Juppé, pour me tester ou rappeler que son enthousiasme ne diminue en rien son exigence, pose les questions les plus déstabilisantes, notamment en ce qui concerne les mécènes du monde du vin, sujet qu'il clôt par un « Bonne chance ! » dans un rictus peu optimiste. L'histoire lui donnera tort, mais c'est probablement ce qu'il espérait : les grands producteurs nous aident, nous suivent, et continueront.

Une partie de l'équipe administrative s'inquiète : un artiste pourra-t-il assumer la dimension technique du poste au niveau managérial et financier ? En réalité, la maison avait été plombée par le détournement de 2 millions d'euros, œuvre de comptables indélicats, pendant la période précédente : nulle trace de l'intervention d'un artiste ici. Malgré cet épisode et la baisse des subventions, je laisserai pourtant les comptes de la maison en meilleure forme que je ne les avais trouvés, mais n'anticipons pas.

Entre deux représentations d'*Alceste* au Palais Garnier, je participe à l'audition et, le lendemain, Laurence Dessertine m'appelle pour me dire que mon dossier a été jugé le meilleur. Je dirige *Alceste* dans la fosse de Garnier le soir même, mais, aussitôt effacés les dessins à la craie de Pierre-André Weitz, dans la magnifique mise en scène d'Olivier Py, mon cœur s'élance vers le Grand Théâtre de la capitale aquitaine.

Je reviens à Bordeaux et soudain on sent une tension. Mes rivaux activent leurs réseaux, des directeurs d'opéra m'appellent pour me demander où j'en suis. J'étais un outsider, je deviens un danger. On se demande si je serai là à plein temps. Je travaille trois cent vingt jours par an, donc même à deux tiers de temps et en renonçant évidemment à certaines activités, ça laisse largement de quoi assumer mes fonctions… Cas assez courant par ailleurs. Tout le monde sait que les artistes ne dirigent pas festivals et institutions comme des administrateurs à plein temps mais aussi que les festivals et les institutions dirigés par des artistes fonctionnent à la fois comme les autres et d'une manière différente. Le poste qu'on s'apprête à me confier n'est pas rigoureusement celui de Thierry Fouquet, et alors ? Je serai à l'évidence autant, ou davantage, directeur artistique que directeur général. On adaptera de nouveau la fonction après moi, et ainsi de suite. Ce que peut apporter un artiste, un chef, un animateur d'ensemble, un voyageur, c'est justement ce que n'apportera pas un directeur purement administratif. Des idées, des réflexes, des contacts, des soutiens, des mécènes, une liberté… Partout ailleurs en Europe, à Milan, à Barcelone, à Berlin et ailleurs, les directeurs artistiques dirigent les salles avec un administrateur et incarnent l'essentiel, tout le monde comprend.

Je pressens aussi durant cette période, avec tristesse, le front hostile que préparent certains responsables syndicaux, toujours persuadés que j'aurais, il y a vingt ans, anéanti un orchestre de permanents à Grenoble. Loup dans la bergerie, au service d'un maire supposément libéral qui voudrait étendre la « dérégulation » moderne aux services musicaux. Je m'apprêterais à saigner les forces bordelaises, à transformer l'Orchestre national en guinguette baroque, ou encore à supprimer le ballet, n'étant pas danseur moi-même, etc.

Si personne ne prenait au sérieux de telles absurdités, elles instauraient forcément un climat. Il a fallu des années pour dénouer tout cela et l'orchestre resta longtemps très divisé et malheureux. Au bout de trois ans, le conflit s'est conclu par un vote, la majorité des musiciens choisissant la confiance et la poursuite des répétitions sous ma direction musicale pour certains projets, puisque c'était le sujet. Beaucoup ont été positivement surpris, même les plus hostiles, de me voir m'impliquer personnellement dans les échanges. C'est mon tempérament : ne pas éviter le contact, faire le pari du dialogue, gagner le respect d'un collectif malgré quelques irréductibles ; on ne peut pas plaire à tout le monde.

On trouve dans cette institution non seulement un orchestre mais aussi un chœur dirigé par Salvatore Caputo, rompu aux arts de la scène, qui me suivra pour l'*Armide* de Gluck et *La Périchole* avec Les Musiciens du Louvre, ainsi qu'un corps de ballet parmi les meilleurs du monde et sans aucun doute le deuxième en France. J'ai eu l'honneur de nommer Éric Quilleré à sa tête. Comme de nombreuses formations – les Wiener Philharmoniker pour ne citer qu'eux –, l'Orchestre national Bordeaux Aquitaine, fusionné avec l'Opéra il y a de nombreuses années, est à la fois une phalange symphonique et un orchestre d'opéra. Je n'y ai jamais vu de contradiction pour ma part, et c'est avec fierté que j'ai emmené l'orchestre en tournée à l'Opéra-Comique pour *Mârouf* de Rabaud et *Manon*, bien sûr. Je suis parti avec l'immense satisfaction d'avoir mené trois projets d'ampleur sous ma direction musicale : l'enregistrement du récital Rossini de Florian Sempey pour Alpha ; la résurrection de *Robert le Diable* de Meyerbeer en France après quarante ans d'absence, qui sortira au disque avec la fondation Palazzetto Bru Zane dans quelques mois à l'heure où j'écris ces lignes ; la trilogie Da Ponte enfin, dont j'ai déjà parlé, projet marathonien dont chaque participant pourra se souvenir longtemps en disant « j'y étais », perçu par le public bordelais comme mon « cadeau d'adieu ».

Au départ cependant, il fallait s'apprivoiser. La Ville attribue 15 millions de subventions sur les 30 millions de budget : malgré la Région et l'État, c'est le maire qui décide. Pour rassurer tout le monde, je lui fais part d'une décision difficile – d'un genre que beaucoup de mes collègues dans cette situation ne prennent pas : j'accepte de renoncer à la direction de la Mozartwoche, sacrifice inutile dans les faits, essentiel symboliquement. Alain Juppé conclut les échanges : « Je vous donne une réponse dans deux jours. »

Le candidat Juppé à la présidence est obligé de répondre aux pressions de ceux qui soutiennent d'autres postulants et qui exigent qu'il les revoie. Rien de tout cela n'a été évoqué dans un processus de recrutement long et pénible. Deux jours ? Deux jours politiques. Vingt-cinq jours terrestres, avant que le maire m'appelle. J'embarque alors pour Stockholm, où *Les Noces de Figaro* vont ouvrir notre fameuse trilogie. « Nous serions ravis que vous deveniez le directeur de l'Opéra », dit-il sobrement. Inutile de préciser : ce jour était un jour heureux.

Nous nous mettons aussitôt au travail, avec le nouvel administrateur général Olivier Lombardie, le directeur de casting et de production Julien Benhamou – aujourd'hui second de Pierre Audi au festival d'Aix-en-Provence –, et avec tous les directeurs des équipes.

Les nuages commencent à se dissiper dès la présentation de notre premier spectacle, *Les Voyages de Don Quichotte*, articulé autour d'un dispositif inédit : deux lieux, une thématique, un metteur en scène, Vincent Huguet, et trois chefs d'orchestre. Le principe : pour fêter en grand l'anniversaire de Cervantes (disparu comme Shakespeare en 1616), nous inviterons le public à déambuler d'un lieu à l'autre, de l'auditorium au parvis du Grand Théâtre, errance délicieuse cours de l'Intendance et déclaration d'amour à nos deux scènes. Ravel (les chansons *Don Quichotte à Dulcinée*) et Strauss (le poème symphonique *Don Quixote* dirigé par Paul Daniel avec l'intervention d'Alexis Descharmes au violoncelle solo), la déambulation équestre sur le cours de l'Intendance, le voltigeur Manu Bigarnet, meneur de l'attelage qu'il a déplacé pour l'occasion de l'île de Ré, *Les Tréteaux de Maître Pierre*, de De Falla, par le tout jeune Pierre Dumoussaud, avant que je ne reprenne la baguette pour le troisième acte du *Don Quichotte* de Massenet avec Anna Bonitatibus, Alexandre Duhamel, Andrew Foster-Williams, et une chorégraphie de Blanca Li.

Je crois que le public m'a adopté ce jour-là. On me parle encore, des années après, du cortège, de la ville accordée au *la* de l'orchestre et de l'Opéra, de la joie d'être ensemble, public, badauds, visiteurs, soutiens, mairie, salariés, journalistes, acteurs et témoins côte à côte. Le « contact total » que je cherche depuis si longtemps.

Entre la situation financière et les engagements pris par la direction précédente, cette première saison ne pouvait pas être entièrement la nôtre, bien sûr. Les Bordelais l'ont bien compris, mais pas toujours accepté. On attend d'une institution si prestigieuse et si chère qu'elle lève son rideau chaque soir. Un grand quotidien du matin en profite pour régler ses comptes avec moi, injuste descente en flammes pour une maison à bout de forces que je m'apprêtais à redresser. Ce spectacle d'ouverture de la saison, emblématique, réalisé avec les moyens disponibles alors, sera le socle de six années de programmation pendant lesquelles le cahier des charges pour les trois forces artistiques que sont l'orchestre, le ballet et le chœur aura été plus que respecté.

C'est ce à quoi nous nous serons employés de toutes nos forces. Après ces six années, je jette un œil par-dessus mon épaule et je ne rougis pas. Deux opéras prévus en version de concert sont devenus, non sans efforts consentis de toutes parts, des spectacles complets : *Pelléas et Mélisande*, avec Philippe Béziat et Florent Siaud, parti au Japon six mois plus tard pour être donné avec l'orchestre local, dont je suis conseiller artistique ; puis *La Périchole* mise en scène par Romain Gilbert dont nous avons fêté les cent cinquante ans à Salzbourg à l'invitation de mon amie Cecilia Bartoli, et que nous donnerons à Versailles et bien sûr à Bordeaux. Le chœur a été magnifique dans l'*Armide* que nous avons transportée de Vienne à Bordeaux et à la Philharmonie de Paris. Nous avons été reçus deux fois à l'Opéra-Comique.

Ces six années auront aussi été celles des débuts à l'Opéra de Bordeaux des très grands artistes que sont Renée Fleming, Daniel Barenboim au piano, Jonas Kaufmann, Angela Gheorghiu, Sonya Yoncheva, Diana Damrau, Michael Spyres, mais aussi, pour le jazz, Youn Sun Nah, pour la pop… Iggy Pop, le tout en grande partie grâce à l'engagement de Julien Benhamou. On ne compte pas les prises de rôle : premiers Werther et Des Grieux de Benjamin Bernheim, premiers Pelléas et Don José de Stanislas de Barbeyrac, premiers Golaud et Don Giovanni d'Alexandre Duhamel, première Violetta de Rachel Willis-Sørensen, premières Manon de Nadine Sierra et Amina Edris, première Ariodante de Marianne Crebassa, premier Robert le Diable de John Osborne, première Anna Bolena de Marina Rebeka, débuts européens de Pene Pati, première Elektra d'Ingela Brimberg. Fierté de cette *Walkyrie* avec Julia Burbach et Tal Rosner, de ce double partenariat avec Angelin Preljocaj et l'Opéra de Paris grâce à Aurélie Dupont, qui aura permis de renouveler le répertoire du ballet avec *La Fille mal gardée* et *Notre-Dame de Paris*, jamais donnés jusqu'alors, mais aussi avec le Nederlands Dans Theater et Alexander Ekman. Olivier Py, Jérôme Deschamps et Joël Pommerat n'étaient jamais venus à Bordeaux non plus. Katie Mitchell s'est aussi donnée à voir pour la première fois au public bordelais. Avec le Chamber Orchestra of Europe, nous avons aussi embarqué les plus grands chefs : Pappano, Harding. Nous avons fait une large part aux œuvres et aux artistes français, aux fantastiques talents bordelais, sans dessiner aucune frontière – en allant quelquefois pêcher loin nos trésors, comme le ténor Pene Pati déjà mentionné, venu directement à Bordeaux des îles Samoa en passant par San Francisco.

Mais nous avons aussi été au plus proche en tissant des liens solides avec le Pôle d'enseignement supérieur de la musique et de la danse grâce à Laurent Gignoux et à la maîtrise Java (Jeunes Académie vocale d'Aquitaine) de Marie Chavanel, ainsi qu'avec le conservatoire. Transmettre, ouvrir les portes : j'aime autant ces missions que la vie au pupitre avec les ensembles établis. *El Pesebre* de Pablo Casals, la *Petite messe solennelle* de Rossini, *Le Messie* de Haendel, l'hommage à Hortense Schneider (une grande Bordelaise) d'Offenbach et la *Neuvième* de Beethoven : des moments d'émotion qui sont autant de tremplins vers une carrière pour les jeunes artistes.

Nous avons joué, nous avons écouté. Nous avons fait ce que j'avais promis au maire : embarqué châteaux et flacons sur notre vaisseau : Rothschild, Lurton avec Yquem, La Fleur-Pétrus, Château Canon et bien d'autres. Le concours de chant que nous avons monté avec l'association des Grands Crus du Médoc nous a aussi permis de tisser des liens dont je ne peux qu'espérer qu'ils prospèrent dans le futur.

On parle souvent des tensions sociales pendant mon mandat. De quoi s'agit-il ? D'une invitation des Musiciens du Louvre pour *La Périchole* ? Erreur diplomatique pourtant réalisée dans le respect du dialogue et des procédures. L'orchestre ayant prévu de longue date un enregistrement à la rentrée 2018, j'ai choisi, en connaissance de cause, de conserver le titre avec Les Musiciens du Louvre, dans le sillage de notre *Belle Hélène* et de notre *Grande-Duchesse*. Était-ce mettre en péril une maison que d'y faire entrer quelqu'un d'autre qui, soutenu par ailleurs, y compris d'un point de vue financier, ne coûterait pas un sou et rentrerait chez lui deux semaines plus tard ? Quels ont été les dommages pour nos artistes, nos techniciens, pour quiconque ?

Plus tard, certains ont tenté d'interdire *Manon* parce que le décor si ingénieux de Pierre-André Weitz obligeait à couvrir le plateau de terreau léger – supposément dangereux pour la santé. La médecine et l'inspection du travail, rien de moins, dépêchées sur place en urgence, n'ont rien constaté de tel !

Le seul impact de ces mobilisations aura été que beaucoup des captations audiovisuelles prévues n'ont pu avoir lieu, avec les dégâts énormes causés sur les mécènes qui y ont investi pour rien, sur la mairie également, échaudée pour la suite… Dommage car ces captations sont le moyen de faire sortir nos spectacles et nos artistes des « temples » où beaucoup n'osent pas entrer.

Pendant tous ces événements, je me suis toujours tenu à l'entrée du théâtre pour aller à la rencontre du public et donner les explications nécessaires. C'est ce qui a permis à Philippe Poutou, l'un des meneurs, toujours joyeux et toujours combatif, de m'interpeller : « Ah, vous êtes là, monsieur Minkowski ? Vous savez qu'on fait tout ça contre vous ? » Tout le monde le sait, et pas seulement à Bordeaux. Tout cela n'est rien par rapport à ce qui arrive à l'Opéra de Paris, certes, mais j'ai compris ce jour-là que j'étais entré dans un jeu politique qui n'est pas le mien. En France, nos théâtres lyriques, colosses aux pieds d'argile, représentent l'Ennemi avec un grand *E* : domination de classe, art élitiste, public bourgeois, soi-disant. Même en luttant contre ces stéréotypes, en ouvrant large, en accueillant les écoles, les étudiants, les oubliés, en sortant sur les places et dans la rue, comment ne pas admettre que nous restons une cible choisie pour les chevaliers du Grand Soir ?

C'est encore à Bordeaux que j'ai tenu à ce que me soit remise la Légion d'honneur dont l'État venait de me gratifier. Le discours d'Alain Juppé était si droit, si touchant, si peu conforme à l'idée qu'on se fait d'un élu assisté de « plumes » protocolaires ! Son départ précipité n'en aura été que plus triste pour moi. Après l'aventure des primaires, tout le monde pensait qu'il se représenterait aux élections municipales. Non seulement cela n'aura pas été le cas, mais il est parti pour le Conseil constitutionnel, laissant beaucoup de monde orphelin.

Pourtant la vie a continué. Avec d'autant plus de rage que le virus la défiait. Un rayon de lumière pour moi aura été cette rencontre avec le corps hospitalier au cloître de l'hôpital Saint-André. En pleine crise du Covid, au printemps 2020. Avec une poignée de musiciens et de danseurs rassemblés par Stéphane Rougier et moi-même, et avec Florian Sempey, nous sommes allés rompre quelques minutes le silence pesant de l'institution en temps de pandémie. Réprouvée par les habituels atrabilaires qui prétextaient un danger sanitaire, la démarche a été approuvée au contraire par la mairie, la préfecture, les médecins eux-mêmes, au premier rang desquels Yann Bubien, directeur général du CHU. Instant suspendu pendant lequel j'ai pensé intensément à mon père et à ce milieu hospitalier qui a bercé mon enfance. Moins urgents que les masques, les lits et les vaccins, Bach et Mozart apportaient les molécules rares d'une matière rare elle aussi, précieuse surtout dans ces moments où la souffrance et la mort ricanent : la grâce. Nous l'avons tous sentie. Deux ans plus tard, je la sens encore.

Quelques mois après avoir quitté Bordeaux, je dois rappeler quelques vérités toutes nues. Le chœur, l'orchestre, le ballet, les ateliers, les services comptent un nombre de talents si élevé que tout directeur devrait se fixer comme objectif prioritaire de les faire s'épanouir. C'est par eux que la maison vit, qu'elle invente, qu'elle brille. Ce sont eux seuls qui justifient l'engagement d'une collectivité dans une telle institution au service du public. À l'Opéra, il y a, et il doit y avoir... tout. Tout dans son état le plus achevé possible : la musique, la danse, l'architecture, les arts plastiques, les arts numériques, les expressions traditionnelles et nouvelles, tout. En six ans, j'ai rencontré des êtres de chair et de sang... et des artistes. Leur valeur m'a nourri. Je m'en vais plus fort que je ne suis venu.

CONTRECHANT II

……………

POINT DE VUE D'UN MÉLOMANE

La première fois que j'ai vu Marc Minkowski, c'était au cours d'une répétition. C'était il y a neuf ans et je m'en souviens comme si c'était hier. Dans la grande salle d'Ars-en-Ré, au festival Ré Majeure, Les Musiciens du Louvre s'apprêtaient à donner la Messe en ut *de Mozart, le soir même. J'adore le début de cette œuvre, ces quatre croches immédiatement reconnaissables de l'introduction instrumentale au* Kyrie *et, quand Marc dirige au moins, même si ce n'est pas le seul, ce kappa du mot « Kyrie » qui devient presque une chuintante : comme un Khhhh…*

Bien sûr, mes fonctions de président de l'ensemble Aedes et de président délégué des Musiciens du Louvre me donnent l'occasion d'assister à beaucoup de répétitions puisque le chœur de Mathieu Romano se produit à Garnier, à la Philharmonie, à la fondation Singer-Polignac, à Aix-en-Provence, dans la basilique bien-aimée de Vézelay… C'est le cas aussi au festival de Semur-en-Auxois, où nous trouvons toujours le temps de passer au théâtre pendant que les artistes se préparent. Mais ce moment de 2013 reste gravé dans ma mémoire.

Avec Frédéric Paillet, avec qui je partage mon existence depuis dix-huit ans, nous entrons dans la salle vide de spectateurs. Le Fier d'Ars et l'océan sont là, derrière la baie vitrée, et, pour la première fois, nous voyons la musique en train de se faire. C'est beau : le choix fait par Marc, avec certainement le conseil d'Ivan Alexandre, a été de réduire le chœur à un ensemble de solistes, conséquence des recherches historiques sur le personnel « musical » de Salzbourg en 1783, sur le lieu de création de la pièce et l'espace exigu dont disposaient les chanteurs lors de celle-ci : ils ne pouvaient être que dix ou à peine plus. « Quand je suis monté à la tribune de St. Peter, je me suis demandé où pouvait bien tenir un chœur. Pour peu que la messe ait vraiment été créée là, ou même été créée tout court... », raisonne Ivan. Nous sommes sur un petit nuage.

Pourtant, au bout d'à peine deux minutes, Marc interrompt l'ensemble. Il formule avec douceur deux recommandations : les violons sont invités à jouer davantage « sur la corde ». Les chanteuses sont encouragées à faire sonner davantage les harmoniques. Et certains doivent changer de place, pour voir. La musique reprend : nous étions déjà conquis, mais nous montons de plusieurs étages.

Le chef en train de travailler, pour moi, aura été d'abord cette découverte, qui passe par l'écoute si ouverte, si disponible de Marc, ses déplacements partout dans la salle pour entendre comment ça sonne, ses échanges avec tel ou tel artiste pour obtenir le tempo qu'il souhaite, ses comparaisons culinaires... Jouer sur la corde, ce n'est pas de la cuisine, certes... j'ignorais qu'on pût jouer ailleurs ! J'apprendrai qu'il s'agit de faire peser l'archet moins lourdement sur le boyau pour révéler d'autres harmoniques, accentuer la « consonne » de ce frottement, crin sur viscère, animal sur animal, pour élever encore le niveau d'émotion spirituelle... Quant aux harmoniques des chanteurs, mon passé de jeune saxophoniste et d'élève du conservatoire national de région (appellation de l'époque) de Boulogne-Billancourt me permet de comprendre.

Bien sûr, tout cela semblera évident aux journalistes musicaux et aux hommes de l'art. Mais pour le simple fidèle, le « laïc » de cette religion musicale que je suis, ça ne l'était pas. C'est, je le redis, la musique en train de se faire, une opération magique. C'est l'âme lavée des fatigues du négoce. « Neg-otium », *négoce, le contraire de l'otium, de la vie contemplative et esthétique... J'aime mon métier, j'ai cette chance, mais il m'épuise. Assister à ces moments et, autant que possible, aider à ce que le monde administratif ne dévore pas tout cru ce Gulliver, cet artiste que j'ai l'impression d'avoir reçu pour mission, avec d'autres, de protéger contre toute cette lourdeur, c'est ma fierté. Beaucoup plus important, c'est ma joie.*

Voilà, le voyage s'achève. Une quarantaine d'entretiens pendant lesquels Marc s'est confié à moi, une autre quarantaine pour corriger, reprendre, préciser. Cette page sonne la fin de très belles vacances – même pincement au cœur, même « déjà ? ». J'ai voulu jouer ici le rôle du simple mélomane. Disons, du « dangereux » mélomane.

J'aime dans ce mot la connotation pathologique, clinique, de « manie ». La musique a pris Marc pour qu'il la fasse, il le dit, mais, entre grands malades, on se reconnaît et on le sait : elle vous prend aussi pour faire de vous un adorateur. Il y a les chamanes que sont les chefs, les instrumentistes, les chanteurs, les danseurs, les metteurs en scène, les chorégraphes… et il y a les fidèles. Religion souvent vue comme telle, bien inoffensive comparée aux autres. Concerts, tournées, critiques, après-concert, répétitions générales et scène-orchestre, festivals, récitals, mécénat, participation à la vie des ensembles… Insensiblement, la musique grignote la vie… pour donner plus de vie ! Outre chamanes et fidèles, il y a ce clergé intermédiaire, directeurs de salle et de festival, agents, attachés, régisseurs, assistants… Tous, ils font la musique. Tous sont des femmes et des hommes et, comme dit Bernanos, là où il y a de l'homme, il y a de l'hommerie – de la mesquinerie, de l'égoïsme, de la peur, de la paresse, y compris chez moi. Mais comme le grand-père de Marc l'écrit dans Le Temps vécu, *« l'homme est fait pour rechercher l'humain ». Tous, ils permettent donc au public d'entrer en contact avec les œuvres, et tous sont par conséquent ses héros et ses serviteurs. À ma modeste mesure, avec Aedes, avec Les Musiciens du Louvre, avec notre festival de Semur-en-Auxois, j'essaie de servir et me voilà, moi aussi, mi-malade de musique, mi-clerc et médecin.*

Joyeuse troupe ? Bien sûr, mais pleine de doutes tant le monde actuel, la France, en particulier, semble les rejeter aux marges, dans des cases, derniers des Mohicans. Telle campagne de communication de la mairie écologiste d'une grande ville pose la question abruptement : « La culture, ça coûte trop cher ? » Telle nomination dictée par le réseau, le préjugé ou le fait du prince réduit à pas grand-chose les critères artistiques et musicaux. Les budgets amputent les orchestres, ballets, compagnies, favorisant toujours plus le bureau aux dépens du concert. Un connaisseur et acteur engagé de ce domaine, un incontestable puits de science et d'histoire, me livrait récemment, après une représentation, la source de sa tristesse : quand il a commencé sa vie professionnelle, tout le monde disait et pensait que cet art-là, total, l'opéra en l'occurrence, serait de plus en plus partagé, de plus en plus populaire, c'est-à-dire aimé dans ses réalisations les meilleures, pas dégradé pour plaire. « L'élitisme pour tous », promettait la gauche mitterrandienne en 1981. Aujourd'hui, c'est le contraire. Partout, l'opéra recule, le théâtre recule, comme l'esprit. Ils sont indissociables.

C'est un chagrin de voir que, pour beaucoup de nos compatriotes, la musique « classique » et a fortiori *l'opéra sont réservés à un sérail. Quand nous distribuons les « flyers », comme on dit, qui annoncent la programmation du festival que nous avons créé avec Frédéric Paillet et Marc Maillot à Semur-en-Auxois, avec le concours de Thibault Noally en tant que directeur artistique, certains passants nous rendent le feuillet comme je rends les tracts des militants extrémistes si je les saisis par erreur, et même pire : avec mépris et agressivité alors qu'il n'y a chez moi, vis-à-vis des séides politiques égarés, qu'indifférence polie. Je parle d'expérience : une fois, c'est presque avec hargne qu'une dame, sentant comme une agression qu'on puisse lui proposer la chose, m'a jeté mon petit document à la figure. Je rêve d'autres pays, comme le Royaume-Uni ou l'Autriche, où la musique-patrimoine est une fierté, une des principales activités de la population, un sujet de discussions parfois animées au café ou dans les médias.*

Autant qu'un mélomane, je suis – ceci explique ce livre – un « minkomane ». Oh ! je respecte absolument le travail de ses aînés comme de ses cadets : ces autres trésors nationaux vivants que sont Christie, Plasson, Casadesus, Krivine, Langrée, Pichon et tant d'autres. Sans parler des chefs « traditionnels », des interprètes… Écouter-voir Martha Argerich dès que je peux quand elle passe à Paris est un impératif catégorique, chaque fois bouleversant de pure générosité.

Mais j'ai cette chance, que je dois à Frédéric, de voir Marc Minkowski travailler depuis dix ans. Le voir diriger, répéter, imaginer des spectacles, réfléchir aux lieux, interagir avec les pouvoirs et les institutions. Et cette intimité avec la musique en train de se faire est une source inépuisable de satisfaction.

Marc ne laisse pas indifférent. Son public lui est acquis, de Paris à Kanazawa, de Londres à Los Angeles, de Versailles à Aix. Les instrumentistes se partagent, quelquefois avec véhémence. Les Musiciens du Louvre lui sont attachés, bien des orchestres modernes aussi, pas tous. Sans chercher le conflit, Marc ne l'esquive pas à tout prix. Il lui arrive de montrer les cornes, les musiciens aussi. Mais la grâce est souvent au rendez-vous. Pudique, il n'a pas parlé dans ces pages de sa rencontre récente avec l'Orchestre philharmonique d'Israël à Tel-Aviv. Invité au pied levé en temps de pandémie, l'accueil réservé par les musiciens d'une des plus grandes phalanges du monde l'a profondément marqué. Bien sûr, le contexte familial paternel de Marc a ajouté à l'émotion mais entendre certains d'entre eux lui dire que la Symphonie n° 4 *de Schumann sous sa direction resterait une expérience marquante, de la part d'instrumentistes dirigés par Zubin Mehta ou Wolfgang Sawallisch, quel cadeau !*

C'est un ogre qui dévore la vie, les projets, les chevaux, les amis, la bonne chère. Ils rêveraient parfois de pouvoir découper le Minkowski au détail pour en prendre la part qui leur plaît. Je les comprends, mais ça n'arrivera pas. Impossible : Marc Minkowski est à prendre en entier, en bloc. Soit vous l'adoptez, soit vous renoncez. Il ne peut appartenir à personne et pourtant il serait dommage de le perdre : autant en prendre son parti. Stéphane Rougier et Tidou Fischer, par exemple, deux violonistes de l'Opéra de Bordeaux, l'ont suivi amicalement jusqu'à prendre le risque de créer une certaine tension avec le groupe. Parmi les chanteurs de la nouvelle génération (je ne parle pas du cortège de gloires égrené par Marc lui-même dans les pages qui précèdent), combien lui vouent affection et admiration : Florian Sempey, Alexandre Duhamel, Stanislas de Barbeyrac, Marianne Crebassa, Aude Extremo, Ingela Brimberg, Marc Mauillon, Julie Fuchs… Quel plaisir de les entendre, de partager avec eux l'attachement au chef et à l'homme quand les spectacles nous donnent l'occasion de passer un moment ensemble.

*Son rapport au cheval révèle beaucoup de sa personnalité, et on ne mesure pas à quel point ce lien lui est nécessaire. Je me souviens de cette répétition générale d'*Idoménée *à Londres, avec entre autres Stanislas de Barbeyrac. Au même moment,* War Horse, *la comédie musicale inspirée du roman de Michael Morpurgo qui rend justice aux chevaux sacrifiés pendant la Première Guerre mondiale, était donnée à Londres. Marc a voulu assister à une représentation et, alors que j'étais venu travailler sur le dossier de candidature pour l'Opéra de Bordeaux, nous y sommes allés ensemble avec Annie Rose, directrice du Cumbrian Heavy Horses où Marc monte régulièrement ses Clydesdales et ses Shires chéris, qui s'était rendue à Londres pour l'occasion.*

Le plus formidable a été le lendemain : Marc voulait montrer son travail à cette femme qui n'en avait aucune idée. Elle n'était jamais venue à Covent Garden. La générale allait commencer, nous attendions à l'entrée des artistes où Marc était venu nous chercher… mais elle ne venait pas. Agacements, coups de fil… elle s'était présentée à l'entrée principale ! Nous voilà traversant le plateau au pas de charge, croisant les danseurs de l'ouverture à peine vêtus, naufragés tragiques d'une beauté à couper le souffle… Marc, amusé, me fit remarquer que ce n'était pas le moment pour moi d'admirer la flotte d'Idoménée : il fallait retrouver Annie !

Puisque je mentionnais War Horse, *que dire de ma surprise de découvrir en Marc un expert de la comédie musicale.* Billy Elliot, the

Musical, *qu'il a vu six fois, l'émeut différemment mais autant qu'un grand opéra. Il est, de la même manière, intarissable sur* The Book of Mormon, Wicked, Mary Poppins *ou* Aladdin.

Marc Minkowski, c'est aussi cela : la volonté de tout unir. Travail et plaisir, théâtre et rue, cheval et musique, chorégraphie et littérature, gastronomie et amitié. Pas un à un. Tous ensemble. À Stockholm, à Vienne, à Bordeaux, à Paris bien sûr, il faut trouver l'endroit, pas nécessairement le plus sophistiqué mais le plus fort, le plus authentique, le plus original, quelque lieu intense, où aller déjeuner ou dîner (après le spectacle, ce qui fait tard et n'est souvent pas simple). Il faut partager. À Stockholm, il fallait absolument voir ce bateau du XVIIe siècle, coulé à peine lancé, le Vasa, *et renfloué dans les années 1960, un de ses monuments préférés. Le metteur en scène Vincent Huguet nous accompagnait alors… À Vienne, il fallait monter sur le toit de l'immeuble où le chef avait élu résidence pour mesurer à quel point la ville s'étend, horizontale. À Bordeaux, il fallait monter (encore, lui qui n'aime pas les escaliers !) aux ateliers pour admirer la charpente et les hauts de cette vieille bâtisse attachante… Toujours montrer, partager, vivre ensemble. Monter à cheval avec Alexandre Duhamel et d'autres artistes cavaliers. Visiter l'école de voltige de Manu Bigarnet à Loix, jusqu'à courir au côté d'une des bêtes pour la faire galoper deux heures avant un concert… et se faire un claquage magistral. Nous voici parcourant les rues étroites de Ré, Marc allongé à l'arrière, souffrant le martyre, cherchant un kiné en urgence pour pouvoir diriger le soir.*

Certains ont du mal à suivre. Comme on les comprend ! Certains courent de bon cœur. Le seul sujet est de savoir ce que, largo *ou* presto, piano *ou* forte, *le tout apporte à la musique, à la scène, à l'art qui nous grise.*

C'est ici que je voudrais faire entrer en scène un personnage étonnant, mon épigone nippon (à moins que je ne sois, moi, son épigone européen) : Koichi Mori. N'était la barrière étanche de la langue, Koichi aurait pu contribuer à ce livre. Il suit Marc partout dans le monde depuis plus de vingt ans. On l'a vu à Bordeaux et à Genève, à Paris et à Drottningholm, à Vienne et à Londres, à Kanazawa bien sûr. Pour découvrir Le Hollandais volant *à Bruxelles comme pour les débuts de Marc avec les Wiener Philharmoniker à Vienne, il a fait l'aller-retour de Tokyo en trois jours… Nous nous parlons sur les réseaux sociaux et sommes devenus amis. Ses pages ne sont pleines que d'images de lui avec Marc, avec Alexandre Duhamel, avec Julie Fuchs. Ses amis virtuels ou « réels » sont tous musiciens ou artistes – Florian Sempey, Stanislas de Barbeyrac, Maxime Pascal, Romain Gilbert… Cela peut sembler anecdotique, Marc n'est certes pas le seul chef à avoir ainsi un ou plusieurs fans absolus et inconditionnels… Mais cette étrangeté du lien fraternel qui nous rapproche avec Koichi m'amuse et dit quelque chose : la musique fait vivre. Certains lui donnent toute la place dans leur existence. Elle rassemble aussi deux inconnus à 15 000 kilomètres de distance.*

La musique, c'est la vie, que Marc Minkowski pousse à son paroxysme. Quand je lui demande ce qui émerge en premier lieu de toute son activité, il n'hésite pas : c'est l'expression. Expression de la langue, des « passions » disait-on au XVIIe siècle, du « sentiment » au XIXe. Expression du corps, de la foi, du doute, de la forme, du spectacle. Certains évoquent, certains démontrent, certains examinent, Marc exprime.

*Je me souviens – et tous ceux qui étaient présents ne peuvent que l'avoir en mémoire – d'une exécution en concert d'*Armide *de Gluck à la Philharmonie de Paris, avec Les Musiciens du Louvre et le chœur de l'Opéra de Bordeaux. Pendant le « Plus on connaît l'amour et plus on le déteste » du personnage de la Haine, j'ai vu Marc tordre sa baguette, et poignarder la partition avec celle-ci. Au dîner, je lui demande discrètement ce qu'il veut dire par là. Sa réponse, surprenante et plus profonde qu'il y paraît : « La scène doit tuer, le spectacle sert le texte. »*

Quand il dirige, on le sait, Marc danse, invente des gestes, lève ses mains à la manière d'un agent de police intimant à un conducteur l'ordre de s'arrêter… pour obtenir un pianissimo *ou un* rallentando. *Je l'ai même vu faire ce geste à la salle pour suspendre les quintes de toux (remède efficace !). Le spectacle est aussi au pupitre et ce n'est pas affectation ou entourloupe. Il nous dit : « Le spectacle, c'est la vie. » Et la musique est un spectacle. Peut-être le premier spectacle.*

Cela n'exclut pas la drôlerie, qui vient, pour le coup, souvent de la scène. Le travail d'Ivan Alexandre pour la Trilogie *le démontre précisément. Nourri de l'étude intime des œuvres, de la correspondance entre Mozart et son père, des* Mémoires *de Da Ponte, de sa connaissance des genres opératiques, il nous en donne une vision neuve en même temps qu'inspirée et ancrée dans l'histoire. Son Elvira, bien sûr, souvenir d'*opera seria *égaré dans la bouffonnerie qu'on l'oblige à jouer… Son Leporello, servi par le bondissant Robert Gleadow… Le choix osé et drôle de faire tatouer le « catalogue » sur le corps du serviteur de Don Giovanni a donné l'occasion d'un échange comique dont j'ai eu vent. Il faut savoir (attention,* spoiler*) que, le nombre de conquêtes de Don Juan étant infini ou presque, certains noms sont tatoués… jusque sur le fessier de son valet. Jusque-là, tout va bien. Le problème est que Drottningholm, lieu de création du spectacle, est un théâtre royal. Et qui dit royal dit… venue de la famille régnante, en l'occurrence de la reine elle-même. Allait-elle accepter, au vu de l'exiguïté du théâtre évoquée dans ces pages, de se trouver nez à nez, si l'on peut dire, avec un postérieur masculin – fût-il couvert de noms comme une page de répertoire ? La monarchie suédoise est par bonheur moins rigide que ne l'était la nôtre, voire que notre République : la directrice du festival appela le château et on fit savoir que la reine ne voyait aucun inconvénient à la chose.*

Solennel et tendre, profond et drôle, grave et sensuel, intime et universel, voilà l'opéra. Les maisons où il se joue sont parfois un peu pompeuses. Il faut pousser la porte et accepter l'or, la pourpre, l'ornement, comme un souvenir des ambitions passées. Ces œuvres nous élèvent, elles nous emportent, parfois tout près, parfois loin, très loin. Parce que le hasard a mis Marc Minkowski sur ma route, j'ai donc voulu lui proposer ce livre. Pour qu'il dise son authenticité, son expérience.

En l'écoutant, en le relisant, une chose m'a frappé tout de suite : l'importance de l'ascendance. Bien sûr, comme pour tout artiste, une grande part du génie échappe à toute sociologie. Je songe à cet opuscule inachevé de Norbert Elias, Mozart, sociologie d'un génie. *Non, je ne compare pas Marc Minkowski à Mozart ! Je fais simplement un parallèle entre l'analyse des conditions d'émergence du génie Mozart et la façon dont la vie et le parcours des parents, grands-parents et ancêtres de Marc ont influencé jusqu'à la possibilité de l'expression de son art. C'est dans un train qui me conduisait de Moscou à Saint-Pétersbourg, en 1995, que j'ai lu ce petit livre avec mes amis Antoine Vauchez et Stéphanie Hennette-Vauchez. Compagnons de vie de toujours, ils me l'avaient offert pour croiser leur engagement, les sciences humaines, et ma passion, la musique. Ces moments me reviennent aujourd'hui avec une étonnante vivacité.*

Marc, à l'évidence, a un don. Il serait même, si l'on rapporte son parcours à sa formation initiale, atteint de « surdouance adulte », au sens technique du terme, à la fois chance et pathologie, puisqu'il ne va pas sans souffrance comme le révèlent de plus en plus les travaux des psychologues sur le sujet. Il entend ce que nous n'entendons pas, il lit dans la partition ce que d'autres ne voient pas. Et, surtout, il parvient à faire en sorte que l'orchestre et les chanteurs nous fassent entendre ce que lui a déjà entendu. S'il n'avait pas ce don, il ne serait pas ici, sur la scène, dans la fosse ou entre ces lignes. Il ne manque sans doute ni de défauts en tant que chef et en tant qu'homme, ni de génie. Le génie peut être discret ou encombrant, il est là.

Quel rapport avec la sociologie, avec l'héritage ? Une forme de confiance donnée et reçue. Je suis très impressionné, avec le recul et après avoir connu Anne Wade, sa maman (malheureusement pas son père Alexandre), de la liberté laissée à cet adolescent pris d'une passion soudaine pour le basson, au point de lui permettre d'interrompre ses études. Au-delà de ses seuls parents, je suis convaincu que sa proximité avec sa grand-mère violoniste et les fréquentations musicales de celle-ci, Nadia Boulanger, Hugues Cuénod, etc., ont rendu naturel un chemin qui, sous d'autres auspices, lui aurait paru escarpé. Oui, Marc est aussi son héritage. Pas en ce qu'il serait « fils de ». Non, un descendant. Ou plutôt l'accomplissement d'un désir collectif incarné dans le rejeton le moins attendu. Cette longue lignée de savants, de médecins, de littérateurs espérait un chef d'orchestre. Le sort le leur a donné.

S'ajoutent à cette importance de l'héritage deux capacités portées au plus haut point chez Marc Minkowski.

Le sens de l'ouïe, d'abord. C'est une évidence pour un chef mais il est tout de même intéressant de le noter ici. Je me souviens de l'histoire de ce pauvre pompier d'Ambronay qui avait passé la durée du concert à tapoter sur son téléphone en arrière-scène, caché derrière un pendrillon. Personne n'avait entendu les petits sons émis par son mobile… personne sauf Marc Minkowski, séparé de lui par une distance de vingt mètres au sein de laquelle se trouvait un orchestre complet ! Et voilà le Maestro fondant sur l'infortuné soldat du feu à la fin du spectacle, avant même les saluts, pour lui administrer une avoinée… magistrale !

Une oreille surdéveloppée, donc, mais c'est bien le moins, dira-t-on. J'ai cependant annoncé deux capacités hors normes. La seconde est mentale et non sensorielle : c'est la mémoire. Marc se souvient d'à peu près tout ce qu'il a vu, entendu ou lu. Pendant la rédaction de ces pages, j'ai été stupéfait à chaque chapitre de constater que pour chaque concert, il a tout en mémoire. Le chef bien sûr, le détail du programme même quand il comprend de nombreuses œuvres, le cast complet pour un opéra, l'impression ressentie, les choix esthétiques appréciés ou non par lui. Oui, si sa formation technique a été courte, ce qu'il regrette, le fait qu'il soit, comme je l'ai écrit dès le départ, « un chef qui écoute », a une portée considérable. Car c'est surtout « un chef qui se souvient », une bibliothèque vivante de l'histoire, des traditions et des styles de l'interprétation et de la direction d'orchestre.

Nul n'est une île. Si son style à lui est si inspiré et si personnel, c'est justement parce qu'il est riche de ce double héritage : celui de ses ancêtres musiciens et mélomanes, certes, mais aussi celui de ses devanciers dans l'histoire de la musique. Ajoutez une personnalité entière, une oreille surdimensionnée, on l'a dit... et vous avez ce chef-là, unique en son genre.

Voilà... J'espère que mes frères et sœurs mélomanes auront eu un peu de plaisir et d'intérêt à lire ces pages. Quant à moi... tout ceci n'était qu'une parenthèse enchantée. Non pas dupe de Marc Minkowski comme Platée de Jupiter, mais plutôt ami reconnaissant, je retourne à mon quotidien en m'esquivant, comme la grenouille de l'inaltérable spectacle de Laurent Pelly : plouf !

10

UN CHEF FRANÇAIS

En 1983, John Eliot Gardiner dirigeait *Hippolyte et Aricie* à Aix-en-Provence. On parle souvent d'*Atys* mais, quatre ans plus tôt, ce spectacle parfait aura été un moment-clé de la « renaissance baroque » (*sic*), avec sa distribution prodigieuse, l'univers formel et juste de Pier Luigi Pizzi, la compréhension profonde de Gardiner et de ses troupes au service d'une musique sublime note après note. Entendre José Van Dam, Jessye Norman, Jennifer Smith, Rachel Yakar, Jules Bastin, John Aler, le Monteverdi Choir déclamer « Puissant maître des flots », « Cruelle mère des amours », « Hippolyte n'est plus »... c'était irréel, bouleversant. Cette déclamation tendue comme un arc et ciselée comme un sceptre, qui compte tant pour moi, emportait le public d'un festival plutôt porté à cette époque sur la vocalise et la chemise en lin.

Trente ans auparavant, en 1956, Hans Rosbaud donnait *Platée* avec Michel Sénéchal et Janine Micheau, nous avions à la maison le disque de cette première révélation ramiste. C'est en entendant cet enregistrement que je me suis dit : « *Voilà un autre ouvrage à remonter d'urgence.* » Le choc de la musique française est donc arrivé, pour moi, par Rameau, bien avant Lully. À l'autre bout, en quelque sorte, il y a eu *L'Enfant et les Sortilèges*, de Ravel, dans l'enregistrement de Lorin Maazel que me faisait écouter ma grand-mère Edith. Entre mes parents qui passaient et repassaient les Rameau et Couperin par Scott Ross sur ce clavecin mystérieux du château d'Assas, et ce disque chéri de ma grand-mère, j'ai été bercé par la musique française. Et je l'ai faite mienne. Non par patriotisme, notion à peu près disparue dans les années 1980 ; par nature. Sans la nature de la langue, de l'accent et de l'expression, que voulez-vous faire de Rameau, d'Offenbach, de Debussy, de Ravel ? Oui, c'est *L'Enfant et les Sortilèges* qui m'a converti à l'art délicat de la déclamation. L'écouter m'a rendu exigeant et je n'ai jamais pu transiger par la suite.

Exigence qui a trouvé un terrain de jeu très vite, presque tout de suite. Ma première participation à un spectacle international était donc l'*Alceste* de Gluck avec l'English Bach Festival. La plupart des solistes étaient anglophones. Avant la musique, toute mon attention se portait donc sur les consonnes, les liaisons, les *e* muets, les *u*, les *an*. Un hasard heureux a voulu que Radio France et mon premier éditeur, Erato, signent alors ce contrat qui a donné naissance à la collection « Musifrance ». C'est ainsi que m'ont été confiés en très peu de temps les divertissements extraits des comédies-ballets de Lully et Molière, *Platée* (mon premier opéra au disque), *Le Malade imaginaire* de Charpentier, *Alcyone* de Marin Marais, *Les Amours de Ragonde* de Mouret, *Titon et l'Aurore* de Mondonville, cet enfant improbable de Rameau et de Vivaldi dont j'ai par la suite exhumé les *Symphonies* et dirigé les motets – rien que d'en parler me donne la furieuse envie d'y retourner !

Tout s'est enchaîné. *Phaëton*, mon premier grand Lully voulu par Jean-Pierre Brossmann, *Hippolyte et Aricie* pour les somptueuses Journées du Centre de musique baroque de Versailles, *Acis et Galatée* de Lully à nouveau, qui n'a pas la profondeur des tragédies inspirées par Philippe Quinault mais culmine dans un acte final insensé, dont la basse continue a presque disparu. L'opéra *durchkomponiert* de Gluck et Wagner, où l'orchestre ne s'interrompt jamais, était là, prêt à s'imposer en 1686. Et puis Lully est mort. Il a fallu attendre un siècle.

Autant de merveilles, la plupart inconnues, en si peu de saisons, m'ont valu une nouvelle étiquette. De spécialiste de l'opéra baroque, je suis devenu spécialiste de la musique française. J'en étais naturellement honoré, et pendant deux décennies cela m'a suffi. De Lully et Rameau est sorti Offenbach, encore une fois, je l'ai déjà dit, grâce à Jean-Pierre Brossmann, à l'Opéra de Lyon puis au Châtelet. Offenbach est plus qu'un style ou une langue. C'est un esprit. Pas l'esprit français : l'esprit parisien, insolent, équivoque, polisson. Tendre aussi, d'une mélancolie à fleur de peau que ne traduisent ni le sérieux allemand ni l'*understatement* anglais. C'est un fil tendu entre le rire et la peine, qui menace à chaque instant de basculer dans l'un ou dans l'autre, qu'il faut veiller comme un parent fragile et qui vous donne alors ce que personne d'autre que lui ne possède, du moins à ce point : la pure euphorie.

Offenbach nous rappelle ainsi que « français » est d'abord cela, un esprit. Certainement pas une couleur ou un état civil. Les grands fondateurs de l'opéra français ? Lully, Florentin ; Gluck, Bavarois installé à Vienne ; Meyerbeer, Prussien venu d'Italie ; Offenbach, Juif rhénan ; Fromental Halévy, le génie à l'origine de *La Juive*. À ces époques, il ne serait pas venu à l'idée de Gluck ou de Meyerbeer d'importer en France l'art ou, moins encore, la langue de Mozart et Weber. C'est en respirant notre air, en aspirant notre esprit, qu'ils se sont accomplis. Un esprit ouvert à tous justement parce qu'il en est un, puissant, attirant, sûr de son importance et partout reconnu comme tel.

À rebours, Chabrier, Bizet, Debussy ou Ravel se nourriront d'Espagne... Et les compositeurs étrangers nous le rendent bien. Ne dit-on pas de Tchaïkovski qu'il est non le premier romantique russe mais le dernier classique français ? Thomas Adès, vedette de la scène britannique, n'est-il pas un adorateur de la musique française en général et de Couperin en particulier ? Pour revenir à Tchaïkovski, le pont avec la musique française passe évidemment par la danse. Le « ballet », en russe comme en anglais... se dit en français. Paradoxe de l'opéra français, par opposition à l'opéra « vocal » italien comme à l'opéra « orchestral » allemand : le nôtre tente l'union improbable de deux extrêmes, la déclamation et la danse.

Le destin a voulu que je raconte notre art lyrique presque décennie par décennie, comme l'historien que je ne suis pas. Après Lully, j'ai abordé Charpentier, Campra, Clérambault, Mouret donc, Rameau, Mondonville, Gluck, Grétry, puis nos maîtres « romantiques » dans l'ordre eux aussi, Boieldieu, Auber, Meyerbeer, Berlioz, Gounod, Thomas, Massenet, Debussy, Ravel, Rabaud. Hélas ! pas encore jusqu'aux *Dialogues des carmélites* – alors que j'ai tant de plaisir à diriger Poulenc. *Roméo et Juliette*, *Mireille*, *Hamlet*, *Manon*, *Cendrillon*, *Don Quichotte* : à chaque ouvrage son univers, sa peau devrais-je dire. Chez Massenet par exemple, la féerique *Cendrillon*, bien plus fidèle au conte que la *Cenerentola* de Rossini, n'a pas la même peau que le nostalgique *Don Quichotte*. Il faut à chaque fois trouver le ton à partir des mêmes mots. Et le ton change énormément. Autant que des *Noces de Figaro* à *Don Giovanni*. Il faut seulement rendre aux mots ce qui leur appartient. C'est-à-dire beaucoup.

La première œuvre symphonique que j'ai dirigée, grâce à Charles Bruck, c'est *Le Carnaval romain*, de Berlioz. Et Berlioz ne me quitte jamais plus d'une saison – *Symphonie fantastique*, *Messe solennelle*, *Nuits d'été*, *Harold*, *Roméo*... Je ne m'éloigne jamais non plus de Meyerbeer très longtemps, même s'il demande des moyens gigantesques et ne passionne pas tous les directeurs du monde. Je parle bien des décideurs, pas du public, qui en général réserve aux *Huguenots* ou à *Robert le Diable* des triomphes insensés. Normal : c'est une musique folle qui repousse toutes les frontières. Le public est poussé, entraîné, irrésistiblement, et il ne sait pas jusqu'où. J'adore jouer avec ce vertige. On a l'impression, au pupitre, d'être à la fois un guide et un aventurier, de suivre une route sûre en prenant des risques terribles.

Mais, même si je me suis adonné sans réserve à Berlioz et Offenbach, à Meyerbeer et Debussy (que d'ennemis, que de contraires !), force est de reconnaître que le port d'attache reste Rameau. Rameau, à la fois science et instinct.

Entre *Platée* et *Hippolyte*, Aix a été, en 1982, le lieu de naissance des *Boréades*, qui ont changé la vie de tant de musiciens. En vacances avec mes parents dans le Luberon voisin, je n'avais pas pu aller l'entendre quand il y fut donné. Mais nous l'avons écouté en direct à la radio. Choc indescriptible. Une sorte de poupée russe émotionnelle : du génie dans le génie dans le génie… L'ouvrage est presque impossible à représenter, et je ne suis moi-même que moyennement convaincu par ma tentative de 2004. À la fois touffu et simpliste, répétitif et comme sans but, le livret n'est qu'un prétexte. Mais la partition ! En 2014, quand il s'est agi de le remonter à Aix pour l'anniversaire de la mort de Rameau, j'ai préféré m'en tenir à une version de concert. Le spectacle est dans l'orchestre, entre les portées. Nous avions de jeunes et magnifiques chanteurs – c'était la première fois, me semble-t-il, que nous travaillions avec Julie Fuchs, qui a rencontré là son futur mari, scénario très… *Boréades*. Nous avions aussi l'ensemble Aedes, dirigé par Mathieu Romano, toujours impeccable de justesse, de sensibilité et de force. Chaque fois que j'entends, lis ou dirige ce chef-d'œuvre, je saute en l'air d'admiration. Le passage entre les actes III et IV, par exemple, est inouï : la tempête se poursuit si bien qu'on n'a pas le temps de se rendre compte qu'un autre acte a commencé. Les vents privés de leur puissance par le trait magique d'Abaris sont un moment de quasi-hallucination auditive. « Jouissons, jouissons » pour Calisis et le chœur vous ferait oublier que vous êtes assis : on loue Rameau pour son harmonie, mais sa vitalité rythmique n'a pas d'égale. L'entrée de Polymnie, dans son idéale nudité, a quelque chose d'intemporel. Une expression toute simple mais presque incompréhensible de la mélancolie, avec sa longue plainte de bassons sous les arabesques des violons, qui pourrait avoir été écrite en 1250 ou en 2022. Nous l'avions incluse dans notre première *Symphonie imaginaire* mais, quand je dirige la seconde, il est rare que nous résistions à Polymnie en bis. L'adieu le plus tendre qu'on puisse faire à un public ami.

Le jour de la disparition de mon père, j'étais en pleine générale des *Boréades*, à Lyon. J'ai donc choisi de jouer cette pièce avec Les Musiciens du Louvre pour ses funérailles aux Invalides. On dit du *Requiem* de Fauré qu'il serait une « berceuse de la mort ». Polymnie est aussi cela. Une berceuse de l'amour, de la joie, de la musique, de la mort. Rameau voulait « cacher l'art par l'art même ». Eh bien ! il y est parvenu, et comment !

La force des *Boréades* réside aussi les symboles maçonniques qui ponctuent l'action. L'opéra pourrait d'ailleurs s'intituler *La Flèche enchantée*, tant ses thèmes préfigurent ceux du testament de Mozart. Le prêtre Adamas, oncle de Sarastro si vous voulez, donne aux amants les clefs de la sagesse qui à son tour leur donnera le courage, la foi, la fidélité. C'est une œuvre qui vous élève.

De ce pays dont je détiens la nationalité sans une goutte de sang gaulois, je me sens responsable de si précieux héritages. Le jour où j'ai reçu la Légion d'honneur, j'ai senti que cet héritage avait besoin d'amour. Beaucoup de nos compatriotes ont appris à mépriser le legs du passé, à le déboulonner parfois. Bien que ma maison soit ma valise, que je vive à Berlin ou à Tokyo aussi bien – souvent mieux – qu'à Paris, que nombre de mes amis ne parlent pas français, que je vénère Bach, Mozart, Brahms, Bruckner ou Stravinsky, je suis et reste un chef français. Ce titre ne me semble en rien étroit ou limité. C'est un fait dont je ne suis ni fier ni honteux. C'est un don, une richesse.

C'est ma musique. Quand la Folie, au deuxième acte de *Platée*, se fait compositrice et chef d'orchestre, elle nous révèle que Rameau, en fait de divertissement, a quelque chose d'essentiel à nous dire. La musique peut – soyons prudents : pas tout, mais tellement ! « Je veux finir par un coup de génie », chante la Folie. « Secondez-moi, je sens que je puis parvenir au chef-d'œuvre de l'harmonie. » Folle et rationnelle, cette langue me parle. Je me sens un devoir de la faire entendre.

Quand je me retourne sur quarante ans d'aventures, sur la chance que j'ai eue, les risques que j'ai pris, le bonheur que j'en ai retiré, je pense aux mots, si connus mais si beaux, du poète français René Char : « Impose ta chance, serre ton bonheur et va vers ton risque. À te regarder, ils s'habitueront. » La phrase pourrait être de Rameau. S'habituer au risque. C'est bien ça.

TABLE DES MATIÈRES

Contrechant I. Deux évadés du confinement 11
1. Le choc Harnoncourt 17
2. Du basson au podium : mes pères… 27
3. Se rêver centaure 41
4. Devenir chef 57
5. Tous en scène 75
6. Des racines et des villes 101
7. De Grenoble en Ré 119
8. Chaque maison a une âme 131
9. Maison neuve 163
Contrechant II. Point de vue d'un mélomane 177
10. Un chef français 189

Composition et mise en pages
Nord Compo à Villeneuve-d'Ascq

Cet ouvrage a été achevé d'imprimer en octobre 2022
sur les presses de Normandie Roto Impression s.a.s.
61250 Lonrai (Orne)
Dépôt légal : décembre 2022
N° d'édition : 64727/01 - N° d'impression : 2204893

Imprimé en France

MIXTE
Papier
FSC FSC® C003309

L'éditeur de cet ouvrage s'engage dans une démarche de certification FSC® qui contribue à la préservation des forêts pour les générations futures.

Pour en savoir plus :
www.editis.com/engagement-rse/